THE ULTIMATE
FAN BOOK
BTS

¡VIVE EL FENÓMENO K-POP!

Planeta

CRÉDITOS FOTOGRÁFICOS

La editorial desea dar las gracias a las siguientes fuentes por permitir amablemente la reproducción de las fotografías en este libro.

Alamy: Newscom 34; /TopPhoto 22-23

Getty Images: John Angelillo 73 (arriba); /Big Hit Entertainment/AMA2020 71; / Billboard Music Awards 2021 78-79; /Choi Soo-Young/Multi-Bits 14, 53, 54 (abajo); /The Chosunilbo JNS/Imazins 9 (arriba), 24-25, 25, 28-29, 72-73, 76-77; / Chung Sung-Jun 15, 68 (arriba); /Gregg DeGuire 18; /Santiago Felipe 50 (abajo), 54; / Steven Ferdman 65 (abajo); /Rich Fury 62; /Noam Galai 69; /Steve Granitz/ WireImage 26; /Chelsea Guglielmino 59 (abajo); /Raymond Hall/GC Images 59; / Han Myung-Gu/WireImage 9 (abajo), 10, 11, 12, 13, 16-17, 21, 41 (abajo), 49 (top & bottom), 52, 61 (abajo); /Frazer Harrison 53 (arriba); /ilgan Sports/Multi-Bits 4, 6-7, 19, 20, 27 (arriba), 32, 48, 50 (arriba); /Jung Yeon-je/AFP 64 (arriba), 64 (abajo); /Jeff Kravitz/FilmMagic 44, 65 (arriba); /John Lamparski/WireImage 68 (abajo); /Jason LaVeris 36, 38-39, /Dan MacMedan 66-67; /Kevin Mazur 63; /Kevin Mazur/BBMA18 54 (abajo); /Kevin Mazur/WireImage 47; /Chris Polk/AMA2017 56- 57; /RB/Bauer-Griffin 37, 42-43, 44; /Michael Stewart/WireImage 70; /Yoan Valat/ EPA/AFP 59 (arriba), 61 (abajo); /Theo Wargo 76; /Matt Winkelmeyer 55 (arriba); / Kevin Winter 5, 40 (arriba), 41 (arriba); /Paul Zimmerman 30-31, 33, 35

Shutterstock: Kim Hee-Chul/EPA 27 (abajo), 45, 51 (abajo); /Yonhap/EPA-EFE 40 (abajo), 50 (arriba) WDTV: ABC 74-75

Se han realizado todos los esfuerzos posibles para garantizar que la información recogida en este libro sea correcta. En caso de error u omisión al consignar los derechos de autor de las imágenes incluidas en la obra, Librero b.v. pide disculpas y se compromete a enmendar la información en futuras ediciones del libro.

Título original: *BTS. THE ULTIMATE FAN BOOK*
Originalmente publicado en 2022 por Mortimer, un sello de Welbeck Non-Fiction Limited, que forma parte de Welbeck Publishing Group.

©De la traducción pág. 1-61: Nuria Caminero
©De la traducción pág. 62-74 y del texto pág. 76-77: Javier Bellota
© 2023, Editorial Planeta, S. A, - Barcelona, España
Derechos reservados

© 2023, Editorial Planeta Mexicana, S.A. de C.V.
Bajo el sello editorial PLANETA M.R.
Avenida Presidente Masarik núm. 111,
Piso 2, Polanco V Sección, Miguel Hidalgo
C.P. 11560, Ciudad de México
www.planetadelibros.com.mx

Primera edición impresa en México: agosto de 2023
ISBN: 978-607-39-0468-1

Impreso en los talleres de Litográfica Ingramex, S.A. de C.V.
Centeno núm. 162-1, colonia Granjas Esmeralda, Ciudad de México
Impreso en México – *Printed in Mexico*

ÍNDICE

4 Introducción

8 Antes del estrellato

12 Conoce a la banda: Jin

14 Disco de éxito: 2 Cool 4 Skool

18 Conoce a la banda: Suga

20 Disco de éxito: Dark & Wild

26 Conoce a la banda: J-Hope

28 Disco de éxito: Wings

34 Conoce a la banda: RM

36 Disco de éxito: Love Yourself: Tear

38 Conoce a la banda: Jimin

46 Conoce a la banda: V

48 Estilo y esencia: La evolución de BTS

52 Conoce a la banda: Jungkook

54 Más allá de las estrellas

58 Burn the Stage: The Movie

62 Disco de éxito: Map of the Soul

70 Disco de éxito: BE

76 Brillando con luz propia

78 DisK-PopGrafía

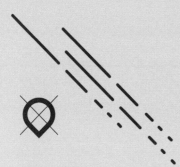

INTRODUCCIÓN

ARMY, bienvenidos al libro definitivo para seguidores de BTS, con toda la información y secretos tras bambalinas del mayor grupo de pop del planeta, su banda favorita: ¡BTS!

Por primera vez en la historia de la música, una banda asiática ilumina el mundo con sus mensajes de amor y comprensión a través de canciones escritas y producidas por ellos mismos que abarcan una ecléctica combinación de géneros, desde hip-hop hasta rap-pop, pasando por electrizante música electrónica para bailar o bellas baladas. Por supuesto hablamos del septeto de K-pop, fenómeno mundial único, BTS.

Como gran fan, ya sabes que BTS nunca hace las cosas a medias... ¡las hace de tres en tres! Desde su formación en 2013, el prolífico grupo ha publicado numerosos EP y LP en trilogías, además de hacer varias giras, sin olvidar los *reality shows* televisivos y programas de internet,

con grandes éxitos de ventas y numerosos premios. También está su fantástica serie de YouTube, Bangtan Bomb, con escenas de sus giras y sus caóticas vidas cotidianas, donde se muestra la personalidad y el estilo característico de cada miembro del grupo. ¡Y qué grandes personalidades tienen! ¡Qué estilo! (Sobre todo Jimin... ¡es broma!).

En orden de edad descendente, los siete miembros de la banda son Jin, Suga, J-Hope, RM, Jimin, V y Jungkook. Cada uno aporta su estilo propio —todos complementarios— y su toque personal a la química sónica y estilística de la banda, lo que ha hecho que BTS surja como un septeto único nunca visto hasta ahora en las listas de éxitos de la música occidental

y que el movimiento K-pop (o K-hip-hop) reinventado esté conquistando el mundo. BTS lidera el movimiento. Y no hay mejor banda que BTS.

Pero BTS no solo realiza pegajosas coreografías vertiginosas pop-rap para su gran masa de seguidores en las redes sociales; BTS dice y hace más que sus coetáneos en defensa de todas las injusticias del planeta. Como siempre, RM es el mejor. Es el portavoz en inglés de la banda, y en 2017 explicó a la revista *Time*: «Nos unimos con el sueño común de escribir, bailar y producir música que reflejara nuestros orígenes musicales, pero también nuestros valores vitales de aceptación, vulnerabilidad y éxito». Y concluyó: «La música trasciende el lenguaje».

BTS se levanta cada día por su club de fans, conocido como ARMY (que, además de significar «ejército» en inglés, corresponde a las iniciales de «Adorables Representantes de Maestros de Ceremonias de la Juventud» también en inglés), unos fieles fans que han convertido a BTS en la primera banda de K-pop que se situó entre los 30 primeros de la lista norteamericana Billboard Hot 100 (con la canción *MIC Drop*, remasterizada por el DJ estadounidense Steve Aoki) y en el grupo de artistas sobre el que más se tuiteó en 2017. Incluso la reconocida presentadora de televisión estadounidense Ellen DeGeneres (quien recibió al grupo en su programa en 2017) comparó la recepción de la banda en Estados Unidos con la Beatlemanía de la década de 1960. Y es que no se puede escribir «Beatles» sin «BTS».

En Twitter, BTS ha sido la primera banda surcoreana en conseguir más de 40 millones de seguidores. Son el primer grupo de K-pop que ha actuado en los American Music Awards y el primer grupo surcoreano en ganar un Billboard Music Award. ¡Y todo eso en un año! Es un enorme logro, que, además, abrirá las puertas para que otros artistas asiáticos derriben barreras y consigan que su música suene en el paisaje musical occidental. Pero esto solo es el comienzo para BTS. Todavía les queda mucho mundo por conquistar. Con su primera gran gira mundial, que empezó en agosto de 2018, BTS ha iniciado el camino para rendir al mundo a sus pies y dar las gracias en persona a cada uno de sus fans en su propia ciudad. Por eso los chicos de BTS son tan geniales: conectan emocionalmente con su ejército de fans de una manera auténtica. Lo que dicen y lo que hacen es de corazón.

BTS es un grupo que procede de Corea del Sur —¡tal vez el único de tu colección de descargas!—, pero ahora pertenece al mundo. Es la banda indicada en el momento indicado. Pero ¿cuánto sabes sobre estos ídolos coreanos? Vamos a averiguarlo.

> «MUCHA GENTE LO DICE, PERO PARA NOSOTROS DE VERDAD ES ASÍ. ESTAMOS VIVIENDO UN SUEÑO, LOS SIETE: PODER HACER LO QUE MÁS QUEREMOS. NOS ESFORZAMOS POR DARLO TODO EN NUESTRA MÚSICA. NUESTRAS LETRAS TRATAN PROBLEMAS REALES QUE AFECTAN A CUALQUIER PERSONA: DECISIONES EN LA VIDA, DEPRESIÓN, AUTOESTIMA. Y LOS FANS SABEN QUE ESTAMOS AHÍ PARA ELLOS, Y ELLOS ESTÁN AHÍ PARA NOSOTROS».
> RM

ANTES DEL ESTRELLATO

Bangtan Sonyeondan (boy scouts a prueba de balas), Beyond The Scene o incluso The Bangtan Boys son posibles explicaciones del interesante nombre de BTS, la *boy band* más refrescante de los últimos tiempos. Estos chicos procedentes de regiones muy dispares de Corea del Sur se conocieron de una manera muy especial y unieron toda su inspiración para formar algo que el mundo no había visto ni oído antes

ANTES DEL «BIG BANG»

La primera vez que se reunieron los siete miembros de la banda —seleccionados a través de audiciones individuales para Big Hit Entertainment en Seúl (Corea del Sur), entre 2010 y 2013— tanto BTS como su mentor, el director ejecutivo de Big Hit Entertainment, Bang Si-hyuk, querían que el grupo fuera algo más que solo música. Bang tenía una visión. Quería que el grupo se «convirtiera en una banda que desafiara los prejuicios y las discriminaciones hacia la generación joven». Bang y los siete miembros —incluido el primero, RM— querían un grupo surcoreano que no se limitara a tocar *bubblegum* pop sin ninguna explicación ni razón. Querían un grupo con una misión, con algo que contar. Querían «un buen equilibrio entre mensaje e interpretación», así como «adaptar los géneros pop de moda para que cualquiera pudiera disfrutar sin barreras culturales o de idioma» y emitir un sonido unificado creado por «la química especial de las siete personalidades de la banda». Los siete miembros compartirían esta misión. «No quiero a nadie en la banda que busque convertirse en una celebridad», explicó Bang sobre su proceso de selección de «aprendices» para el grupo mientras el concepto de BTS cobraba forma en 2010. «No quiero trabajar con nadie cuyo objetivo sea ser un artista y que intente utilizar las canciones como medio para lograrlo. Tienes que amar la música tanto como el escenario. Mi filosofía y mi visión del mundo impregna BTS. BTS es una banda de chicos que hace música de manera incansable».

COMPAÑEROS DE ARMAS

La selección de los miembros adecuados para su programa de aprendizaje consistió en una cuidadosa ronda de audiciones de talentosos músicos de toda Corea del Sur, proceso que duró dos años. «Desde el principio buscaba gente que supiera lo que quería hacer; por consiguiente, encontramos a gente así, de modo que estoy satisfecho», comentó Bang. «BTS no solo se mueve según lo que haya planificado. Ellos crean su propia música y gestionan su planificación. Si no lo hacen, el siguiente álbum no saldrá. También tienen claro cómo quieren vestir». Aquellos críticos que piensen que BTS no es más que otra *boy band* deberían reconsiderarlo.

«Todos los miembros de BTS han tenido iniciativa desde muy jóvenes», aclaró Bang en una entrevista en 2013. «Antes de unirse a Big Hit, todos lucharon con un entusiasmo excepcional en sus respectivas áreas de la música y el baile». Sus luchas individuales para hacer oír su voz acabarían uniendo a Jin, Jimin, V, Jungkook, RM, Suga y J-Hope. De hecho, es lo que los llevó a todos a realizar la audición para Big Hit Entertainment. Querían ser descubiertos.

RM fue el primero en realizar la audición para Bang. La pasó con diez, por supuesto.

«En 2010 me presentaron a Bang Si-hyuk, nuestro productor y director ejecutivo de Big Hit Entertainment», recordaba RM, el único de BTS que habla un inglés fluido y, por ello, su principal portavoz en las entrevistas. «Yo era un rapero alternativo y solo tenía 16 años, estaba en mi primer año de preparatoria. Bang pensó que tenía potencial como rapero y letrista».

«La primera oportunidad para planificar BTS fue el líder RM», confirmó Bang. «RM es muy introspectivo, sofisticado y filosófico, para su edad. Tras ver su rap [en su audición] pensé en crear un grupo de hip-hop y reuní a los miembros actuales».

PÁGINA SIGUIENTE ARRIBA Los chicos marcan estilo en su primera actuación en una entrega de premios, los Melon Music Awards de 2013. Arena de Gimnasia Olímpica, Seúl, 14 de noviembre de 2013.

PÁGINA SIGUIENTE ABAJO Sincronización perfecta en una de sus primeras actuaciones en vivo como septeto. Hallyu Dream Concert, Gyeongju, 5 de octubre de 2013.

Luego pensé que no debía ser simplemente un grupo de *idols* que hace hip-hop, sino un grupo cuyos miembros pudieran explicar sus propias historias. Esta idea se ha reflejado siempre en la música de BTS y no ha cambiado hasta ahora. Quería que el grupo no solo compusiera y escribiera sus letras, sino que también participara de manera independiente en la producción y la dirección escénica».

Bang tenía la idea de que cada miembro del grupo debía ser igual de vital que el resto y que la química entre ellos debía unirlos para convertirse en una unidad con sentido. Sin ese elemento clave, BTS no sería más que otra *boy band* de K-pop que nunca lograría el éxito fuera de sus fronteras. La razón por la que la banda publica álbumes y realiza giras como trilogías es esa visión de Bang de que cada miembro debía «explicar una historia» y «no era posible encajar todas las historias que BTS quería contar en un álbum». De ahí la prolífica producción musical en un formato impensable para cualquier otro grupo y, de hecho, bastante desconocido para el público occidental.

LOS APRENDICES SE CONVIERTEN EN *IDOLS*

A lo largo de dos años, Big Hit Entertainment realizó audiciones para seleccionar a los demás miembros. «Llegó Suga y luego J-Hope, muy popular como bailarín en su ciudad natal. Fuimos los tres primeros», recuerda RM.

A menudo se suele decir que los chicos proceden de Seúl, la capital de Corea del Sur, cuando en realidad proceden de regiones muy distantes del país, una prueba de que Bang realmente buscó por todas partes hasta encontrar los ingredientes perfectos para su obra maestra

de BTS. RM es de Ilsan; Jin, de Gwacheon; J-Hope, de Gwangju; Jimin y Jungkook, de Busan, y Suga y V, de Daegu. Los diferentes componentes del grupo crecieron alejados, pero los unió su deseo de formar parte de algo grande.

«Empezamos como grupo de hip-hop; Bang sentía que debía haber cantantes que hablaran sobre las cosas que necesita la sociedad», explica RM sobre sus humildes inicios en el hip-hop. «Éramos raperos que podíamos hacer realidad su idea, y había miembros con grandes dotes interpretativas. Lo más importante es que nuestra música y nuestra interpretación debían ser de calidad superior, porque, por encima de todo, somos cantantes. Teníamos las capacidades, y a eso se sumó nuestra sinceridad, nuestros mensajes y nuestra capacidad de comunicación. Y Bang nos apoyó plenamente. Nos dio libertad para convertirnos en actores clave y, como tales, podíamos arriesgar para obtener un alto rendimiento. Big Hit y la banda contribuyeron en partes iguales, y creo que este es un modelo de negocio deseable, en el que tanto la agencia como el artista colaboran como socios».

En 2014, cuando preparaban el lanzamiento de *2 Cool 4 Skool*, vivían juntos en una casa completamente llena y dormían todos en una habitación. Los siete artistas, cada uno con sus propios talentos en todo el espectro de las artes creativas —interpretación, baile, rap, canto, coreografía— y procedentes de diferentes regiones del país, sabían que para tener éxito debían ser auténticos. Y eso significaba ser más que nuevos amigos. «Los siete nos hemos empujado unos a otros a dar lo mejor de nosotros», reveló RM. «Ya somos como hermanos».

ARRIBA Actuación en el programa *Show Champion* de la MBC Music. Uniqlo AX-Hall, Seúl, 9 de octubre de 2013.

PÁGINA ANTERIOR La banda luce sus oros en el *photocall* del festival Incheon Korean Music Wave de 2013, 1 de septiembre de 2013.

> «SI ENSEÑAS INGLÉS A UN ARTISTA DE K-POP Y LO CONTRATA UNA EMPRESA ESTADOUNIDENSE, SERÍA EL DEBUT DE UNOS ASIÁTICOS EN EL MERCADO NORTEAMERICANO, PERO ESO NO ES K-POP».
> BANG SI-HYUK

HITMAN BANG

«Les hice una promesa a BTS antes de que debutaran», explica Bang Si-hyuk, también conocido como Hitman Bang, a menudo considerado el equivalente surcoreano a Simon Cowell, creador y miembro justo aunque duro del jurado de los éxitos televisivos mundiales *American Idol*, la edición británica de *Got Talent* y *The X Factor*. «Les prometí que les ayudaría a convertirse en un equipo sólido como productor si ellos creían en el potencial del grupo y daban lo mejor de sí mismos en sus responsabilidades individuales. Ellos creyeron en mi promesa y yo me esforcé por cumplir mi palabra».

A Bang es a quien puede atribuírsele el crédito del éxito inicial y la selección de los distintos miembros de BTS. Si bien es cierto que su éxito posterior se ha debido a su química y sus canciones, él fue quien primero reunió a estos siete individuos en particular. Vio algo en cada uno, una cualidad que sabía que se combinaría con las de los demás compañeros. Bang fundó Big Hit Entertainment en 2005, tras unos años componiendo éxitos para la «primera generación» de bandas de K-pop, como g.o.d y Rain (influencias vitales en muchos de los miembros del grupo).

«La primera razón por la que BTS gusta es porque su música se basa en mi pasión por el hip-hop», afirmó Bang en una entrevista. Pero no fue solo el hip-hop lo que hizo destacar a BTS, fueron sus deseos individuales de cantar canciones que transmitieran algo a sus fans. «Mientras la mayoría de las canciones de K-pop tratan de amor o ruptura, la música de BTS habla de temas relacionados con la escuela y la juventud, y explica historias contemporáneas con las que todo el mundo puede sentirse identificado», explicó Bang. «Creo que a mucha gente le gusta porque no solo tiene las típicas canciones de amor. BTS posee una voz única que relata las preocupaciones que implica hacerse mayor y las inquietudes de la juventud. Además, en el contexto de una música cercana, los miembros presentan un encanto amable. Creo que otra razón es su deseo de comunicarse con sus fans».

KIM SEOK-JIN

Kim Seok-jin, o simplemente Jin para sus compañeros de banda, también conocido como Worldwide Handsome, el «mundialmente guapo», es el mayor de BTS. Nacido el 4 de diciembre de 1992, es uno de los cuatro vocalistas principales de BTS, como pudo comprobarse en el increíble solo *Awake* de *Wings*. Jin fue descubierto en las calles de Seúl y ahora es tan famoso por su pasión por la gastronomía como por su increíble voz, como sabrá bien cualquiera que vea su programa de internet Eat Jin.

«PRESENTARME EN UN CONCIERTO ERA MI SUEÑO. QUERÍA UNIRME CON NUESTROS FANS A TRAVÉS DE NUESTRA MÚSICA». JIN

ACTOR CON EL FACTOR X

Antes de que la fama y el estrellato de BTS encontraran a Jin, a través de las audiciones para Big Hit Entertainment en 2012, él estudiaba cine en la Universidad Konkuk de Seúl. Nació y creció en Anyang, en la provincia de Gyeonggi. Antes de trasladarse a Gwacheon, Jin creía que seguiría los pasos de su familia y trabajaría en el campo como agricultor. Ni se le ocurría pensar que tendría la oportunidad de llegar a ser una superestrella mundial de la música.

De niño, Jin odiaba estarse quieto, no paraba de moverse y no le gustaba estudiar. «En primaria tenía mucha energía», explicó. «Mi asignatura favorita era Educación Física. ¡Todo lo contrario que ahora!».

En la preparatoria creyó que podría hacer carrera como periodista, una idea que descartó cuando empezó a aflorar su pasión por la interpretación y por el cine. «Empecé a soñar con ser actor durante mi segundo año de preparatoria, después de ver a Kim Nam Gil-ssi en el drama *Queen Seondeok*», explicó. «Me conmovió y pensé que yo también quería hacer llorar a la gente con mis interpretaciones. Así que estudié cine en la Universidad Konkuk».

Fue descubierto en las calles de Seúl mientras estudiaba allí. Al verlo bajando de un autobús, un representante de Big Hit Entertainment pensó que Jin tenía justo el estilo que buscaban para el nuevo septeto que estaba armando Bang Si-hyuk. Invitaron a Jin a una audición y, pese a no tener experiencia cantando ni bailando, obtuvo un lugar en la banda. Jin fue el chico más mayor en participar en las audiciones. «Tres meses después de empezar a estudiar en la universidad, me descubrieron en Big Hit y me convertí en aprendiz. Jungkook se unió dos días después», recuerda Jin, hablando del miembro más joven del grupo, que entonces solo tenía 15 años.

Jin disfrutó su etapa de aprendizaje en Big Hit —proceso concebido por Bang Si-hyuk para asegurarse de que todos los miembros de BTS pudieran cumplir con sus deberes como parte de la banda—, pero empezó su vida en BTS con poca confianza en sus cualidades para la interpretación y la composición. Estaba convencido de que no podría bailar ni escribir canciones, pero gracias a sus hermanos de BTS, Jin no tardó en sentirse seguro para expresar sus talentos artísticos. «Mi interés por la música se despertó después de conocer a los demás miembros», recuerda Jin. «Al principio, ni se me ocurría que pudiera escribir canciones. Gracias a la influencia de los demás miembros, ahora sigo escribiéndolas. Aunque todavía no tienen nivel suficiente para incluirlas en un álbum, las reacciones son buenas».

Jin espera poder canalizar algún día toda su energía para actuar en una película, pero, de momento, lo primero es su pasión por la música y la interpretación, y estar con sus mejores amigos en el escenario. Eso y explicar chistes malos… para fastidio de sus compañeros de BTS.

PÁGINA ANTERIOR Jin con un estilo sofisticado en los Gaon Chart K-Pop Awards, 17 de febrero de 2016.

IZQUIERDA El «mundialmente guapo» en acción.

2 COOL 4 SKOOL

Si bien los fans saben que el gran éxito de BTS llegó con su álbum de 2016 *Wings* y el arrollador sencillo de 2015 *I NEED U*, fue con su álbum de debut, *2 Cool 4 Skool*, y sus siete canciones, con el que BTS irrumpió en el panorama del K-pop.

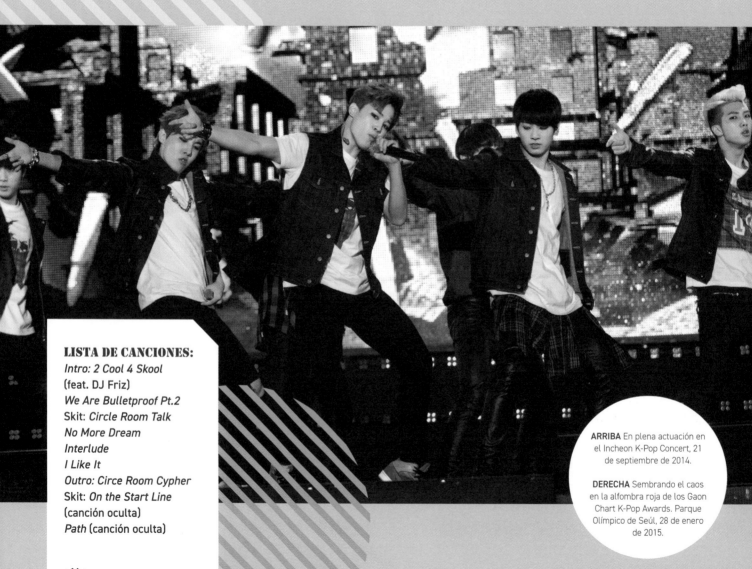

LISTA DE CANCIONES:
Intro: 2 Cool 4 Skool
(feat. DJ Friz)
We Are Bulletproof Pt.2
Skit: *Circle Room Talk*
No More Dream
Interlude
I Like It
Outro: Circe Room Cypher
Skit: *On the Start Line*
(canción oculta)
Path (canción oculta)

ARRIBA En plena actuación en el Incheon K-Pop Concert, 21 de septiembre de 2014.

DERECHA Sembrando el caos en la alfombra roja de los Gaon Chart K-Pop Awards. Parque Olímpico de Seúl, 28 de enero de 2015.

La carrera de BTS como fenómeno del rap-pop se inició con su trilogía de álbumes *Skool*, que empezó con su disco de debut *2 Cool 4 Skool*, seguido de los EP de 2013 *O!RUL8,2?* y *Skool Luv Affair*. La trilogía Skool incluye canciones y letras relacionadas con la vida cotidiana, las relaciones y los temas que preocupan a los estudiantes adolescentes durante su etapa escolar. La trilogía de EP de 2015-2016 *The Most Beautiful Moment in Life (Part 1, Part 2* y *Epilogue)* vio «crecer» a la banda, que experimentó con temas líricos de jóvenes más adultos y un sonido de baile de alto voltaje, pero fue la trilogía *Skool* la que sentó las bases de la visión de BTS como banda que pensaba a conciencia el efecto que sus letras podían tener en sus fans, de su misma edad.

En la trilogía *Skool* la banda se centró en temas importantes para ese grupo de edad: acoso escolar, exámenes y estudios, amor joven y padres. «Intentamos conectar con un público de nuestra edad y tratamos temas sobre los que podíamos reflexionar juntos», explica Suga. «El sufrimiento y la incertidumbre asociados con la juventud y las ideas equivocadas que se pueden formar durante esa edad eran temas que queríamos abordar en nuestras canciones». J-Hope está de acuerdo: «BTS hace música que conecta con los sentimientos de los adolescentes. Para poner fin a los prejuicios y la opresión del mundo de los adolescentes».

NO MÁS SUEÑOS

El primer sencillo con el que BTS dejaba claras sus ambiciones fue *No More Dream*, lanzado en Corea del Sur el 13 de junio de 2013, un día después que el álbum. La canción ha sido descrita como «una oda a la apatía adolescente, una oposición rebelde al tradicionalismo coreano». Fue el n.º 14 en la lista de éxitos digitales mundiales de Billboard (sería una de las últimas veces que una canción de BTS se situaría en una posición tan baja en las listas).

Con la distribución de la canción por parte de Big Hit Entertainment, una disquera independiente, en vez de una gran disquera coreana como SM, YG o JYP, se produjo un fallo crítico a la hora de llegar a los fans, un público que, según Bang, necesitaba una banda como BTS. «En aquel momento, BTS surgía de mis necesidades y de las del mercado. Ahora la gente no solo quiere cualidades. Quiere que sus ídolos tengan un aura de artista. No hay que enseñar a los chicos cómo expresarse, solo necesitan sacar y mostrar lo que tienen dentro». Y añadía: «Hace poco encontré un documento de 2012, el año anterior al *debut* de BTS, en el que debatíamos sobre qué tipo de grupo de ídolos crear. Decía "¿qué tipo de héroe busca la juventud de hoy?". No alguien que predique dogmáticamente desde arriba. Más bien parece que los jóvenes necesitan un héroe que les ofrezca su hombro, incluso sin pronunciar una sola palabra». Bang sentía que las personalidades colectivas de los siete miembros de BTS encajaban en esa descripción con bastante exactitud.

Tras el lanzamiento de *2 Cool 4 Skool* en 2013, BTS empezó a protagonizar su programa *Rookie King: Channel Bangtan* en el canal SBS MTV, además del programa *American Hustle Life*, en el que los siete miembros del grupo empiezan a comprender el hip-hop estadounidense gracias a estrellas como Coolio. «Nos gusta la música hip-hop. Nos propusimos proteger el carácter distintivo del K-pop que se hacía en los 90. Visualmente atractivo, creando música como un paquete y con un grupo que gusta en el escenario. Esto supera el idioma. A eso añadimos el valor único de BTS junto con la música hip-hop. Estas dos cosas facilitaron la entrada en los mercados occidentales. El K-pop no resulta familiar para los occidentales, pero el hip-hop sí». La pasión de la banda por el hip-hop también amplió los gustos individuales de los miembros y les ayudaría a avanzar hacia un sonido más maduro, como en su siguiente álbum coreano, *Dark & Wild*. «Así es el grupo, oscuro y salvaje», explicaba RM.

Haciendo gala de sus dotes para la coreografía en el programa *Show Champion* de la MBC Music. Ilsan, 10 de septiembre de 2014.

MIN YOON-GI

Min Yoon-gi, o Suga para sus fans, rapea de una manera tan dulce como su nombre sugiere. El hip-hop es su primer amor, seguido por su hábito de llevar ropa interior de Jung-kook. Es el rey de la rima fluida y un maestro del rap, una habilidad que ha ido perfeccionando desde muy joven. «Escribo versos y letras de canciones desde niño», ha explicado Suga. «Son los pequeños sentimientos y pensamientos que me pasan por la cabeza. Los mezclo un año después o así y se convierten en grandes letras para canciones».

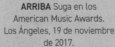

ARRIBA Suga en los American Music Awards. Los Ángeles, 19 de noviembre de 2017.

PÁGINA SIGUIENTE Suga causó una excelente primera impresión en la actuación de debut de BTS en 2013.

«Nací en el sur, en Daegu, la cuarta ciudad más grande de Corea, y crecí allí hasta que vine a Seúl», explicó Suga en una entrevista. «Era un niño normal... hasta que empecé a interesarme por la música en el quinto año de primaria».

Fue en aquel entonces cuando Suga empezó a escuchar hip-hop y cuando el joven músico empezó a soñar con llegar a ser una estrella del hip-hop. Creó su primer *alter ego*, con el nombre de Gloss, y en su ciudad natal de Daegu compuso ritmos para artistas locales. Su talento llamó la atención a partir de la canción que produjo para Reflow titulada *Who Am I.*

«Además de escuchar música, al mismo tiempo también empecé a escribir», explica. «No es que nadie me dijera que lo hiciera, simplemente lo hice. Empecé a escribir letras de rap en primaria y a componer en secundaria. En aquella época a nadie de mi entorno le gustaba el hip-hop. Ahora es muy popular en Corea, pero cuando yo empecé a escucharlo, era el único. Pensaba que probablemente en la calle no habría nadie más que rapeara aparte de mí». Su pasión por el hip-hop alimentaba sus ambiciones y el joven rapero empezó a buscar un grupo que le ayudara a enfocar sus talentos. «En el primer año de preparatoria me uní a un grupo de hip-hop que se llamaba D-town y empecé a rapear bien. Ya rapeaba desde primaria, pero como no había nadie a mi alrededor que también lo hiciera, creía que era el mejor». Cuando Suga (entonces Gloss) descubrió la escena hip-hop alternativa de Daegu durante la adolescencia temprana fue cuando conoció a gente con cosas en común que adoraba el hip-hop. También entonces la vida de Suga cambió para siempre.

«Supe que Big Hit estaba realizando una audición en Daegu», explicó Suga sobre el concurso de Big Hit llamado «Hit it», que vio anunciado en un folleto. Y decidió presentarse. «Me planté allí sin saber nada, excepto que era una compañía formada por el compositor Bang Si-hyuk. Hice la audición y al día siguiente me dijeron que me aceptaban. Quería debutar y convertirme en cantante haciendo mi música como aprendiz. No hubo ningún momento en que no soñara con ello».

Suga, nacido el 9 de marzo de 1993, es uno de los activos creativos con talento y gran independencia de BTS, junto con RM, así como un firme defensor de abordar temas sociales y sobre justicia en sus letras. En resumen, Suga es un verdadero artista. «El reconocimiento no es una de mis ambiciones», afirmó. «Solo quiero hacer música. Tampoco me interesa el mundo del entretenimiento; todo el mundo dice que quiere actuar o participar en espectáculos de variedades, pero yo no. Quiero ser el mejor rapero, el mejor productor. Tengo que intentarlo».

«ADEMÁS DE SER LO QUE SOMOS COMO BTS, QUERÍAMOS APORTAR ALGUNOS CAMBIOS Y, DE HECHO, QUERÍAMOS EVOLUCIONAR COMO GRUPO. QUERÍAMOS MOSTRAR NUESTROS VARIADOS COLORES, PERO SEGUIMOS QUERIENDO CONSOLAR Y DAR ESPERANZA A OTRAS PERSONAS». SUGA

DARK & WILD

Con la primera trilogía *Skool* en el mercado, era el momento de que el grupo empezara el siguiente capítulo de su carrera, la trilogía *Youth*, periodo musical que evolucionó hacia una música para bailar de alto voltaje más experimental. La banda crecía, al mismo tiempo que sus fans, y su música debía reflejar esa circunstancia. Entre 2015 y 2016 lanzaron su primer álbum de larga duración *Dark & Wild* y su primer megaéxito *I NEED U*, sencillo del EP *The Most Beautiful Moment in Life, Part 1*. La aventura no había hecho más que empezar...

LISTA DE CANCIONES:
Intro: What Am I To You
Danger (sencillo principal)
War of Hormone
Hip-hop Lover
Let Me Know
Rain
BTS Cypher Pt.3: Killer (ft. Supreme Boi)
Interlude: What Are You Doing
Can You Turn Off Your Phone?
Blanket Kick
24/7 = Heaven
Look Here
Second Grade
Outro: Does That Make Sense?

DARK&WILD

ARRIBA Suga, Jin, Jungkook y RM, por una vez sentados, comentan su álbum de debut *Dark & Wild* en el Samsung Card Hall de Seúl, 19 de agosto de 2014.

PÁGINA ANTERIOR El grupo conquistó al público en el programa *The Show* de la MTV. SBS Prism Tower, Seúl, 30 de junio de 2015.

DESPUÉS DE SKOOL

Tras la etapa relacionada con la escuela, BTS decidió emprender un nuevo camino musical. Si bien *2 Cool 4 Skool* había introducido elementos de hip-hop y rap, así como las personalidades individuales de la banda, el sonido del grupo se estaba encasillando demasiado para generar un gran éxito internacional. ¡Y los chicos deseaban un éxito!

Así pues, en 2015, BTS —junto con Bang y el productor P-Dogg— empezaron a escribir y grabar canciones para bailar más animadas con letras que conectaran con el grupo de edad en evolución de sus fans. La pubertad ya quedaba atrás. ¡Ahora tocaba bailar! Esas serían las canciones que definirían su trilogía *Youth*.

«La música de BTS se basa en el hip-hop y la música pop en general, porque todos los miembros crecimos escuchando a artistas famosos de hip-hop y vocalistas pop, incluso antes de nuestro debut. Era claramente hip-hop en 2013, y el estilo ha evolucionado a medida que hemos crecido escuchando y experimentando diferentes géneros musicales durante los últimos dos años», explicó RM sobre su evolución musical. «Siempre buscamos nuevos ritmos y leemos libros por curiosidad para renovarnos como artistas, aunque pueda significar fracaso para algunos de nosotros. Forma parte del experimento de la banda evolucionar juntos como entidad para hacer mejor música y más nueva. Por eso no queremos etiquetar nuestra música como un género concreto ni limitarla al K-pop».

Con el tema «oscuro y salvaje» definido para su primer disco de larga duración, los miembros de BTS empezaron a sentirse inspirados colectivamente por la libertad que Bang les dejaba para escribir «la

música que quieran crear». Como líder, RM quiso expresar muchos pensamientos desde su perspectiva de cantante y hombre que ya había dejado atrás la adolescencia. «Quería expresar los pensamientos de los hombres de veintipocos años».

El álbum se tituló *Dark & Wild* como base a partir de la cual explorar dos temas que a menudo preocupan a los hombres jóvenes que entran en la edad adulta, la oscuridad y lo salvaje, la idea de una juventud temeraria y despreocupada que conduce al crecimiento y a caer en la tentación. «*Dark & Wild* surgió en unas conversaciones con Bang», reveló RM. «Al principio, resultaba difícil relacionar las palabras "oscuro y salvaje" con BTS. Sin embargo, pensé mucho al respecto, y nuestra música critica los aspectos negativos de la sociedad y se burla de ellos. Pensé que esa faceta nuestra era oscura. Además, siempre vestíamos ropa oscura».

Dark & Wild se visualizó conceptualmente como un disco en dos mitades para ser escuchado de jalón, en vez de canciones individuales que se escuchan desordenadas. De este modo, la banda tenía libertad para explorar temas líricos que se complementarían entre sí formando una historia cohesionada. «Creamos la lista de temas de principio a fin con la idea de que los fans escucharían las canciones de la primera a la última. Hay un interludio en el medio, que puede verse como un punto central; la primera mitad de canciones sería lo "oscuro" y después estaría lo "salvaje"».

El sencillo principal, «Danger», promocionaba los dos temas del álbum a la perfección, en especial con el video musical en el que los

BTS anima al público a volar con ellos durante una promoción de *Wings*, 27 de noviembre de 2015.

chicos, vestidos de negro, realizan una fantástica coreografía en un túnel del metro y en un almacén con carritos del súper en llamas. Todo muy oscuro y salvaje.

Asimismo, la dualidad temática del álbum permitió a la banda abordar en sus letras un amplio abanico de temas. «En comparación con otros grupos, nosotros prestamos mucha atención a las letras», comentó RM durante el lanzamiento del álbum. «Y es que hay muchas cosas que queremos contar».

Dark & Wild debutó en el n.º 2 de la Gaon Chart en Corea del Sur, el puesto más alto en las listas de la banda hasta el momento. Triunfantes, los chicos de BTS supieron que su apuesta por una nueva dirección musical había funcionado. Pero no sería hasta el lanzamiento de *I NEED U*, del EP *The Most Beautiful Moment in Life, Part 1*, seis meses después, en abril de 2015, cuando la vida de los componentes de BTS cambiaría de verdad para siempre.

«BTS despegó como grupo con el éxito de nuestro sencillo *I NEED U*», explicó RM a la revista *Time*. El video tuvo más de un millón de visualizaciones en 24 horas y dio a BTS el empujón de confianza que necesitaba. Como consecuencia del éxito de la canción, la banda, alentada por su reinvención sonora, participó en el KCON, un festival de música K-pop que recorrió América y Europa en 2015. «No nos dimos cuenta de que nos estábamos haciendo famosos hasta el festival KCON», confesó RM. «Miles de fans gritaban nuestro nombre y casi todo el público se sabía de memoria la letra en coreano de nuestras canciones, algo alucinante. ¿Quién iba a pensar que nuestras canciones y nuestras actuaciones iban a gustar a gente de la otra punta del mundo, de Europa, de Estados Unidos, de Sudamérica, incluso de Tahití, solo de verlas por YouTube? Estuvimos muy agradecidos... y lo seguimos estando».

A partir de aquel momento la base de fans de la banda creció de manera exponencial. BTS emprendió una gran gira mundial con *The Most Beautiful Moment in Life, Part 2* entre los 10 primeros en listas internacionales, incluida la lista World Albums de Billboard, convirtiéndose así en la primera banda de K-pop de la historia en alcanzar tal hito. Como de costumbre, RM supo ver por qué BTS estaba arrasando donde otras bandas de K-pop habían fracasado. El secreto era el vínculo fraternal entre los componentes. «Nuestra química, que los fans pueden apreciar tanto en nuestras actuaciones como en videos tras bambalinas, la sinceridad, la música y actuaciones de calidad se combinan en una poderosa arma», explicó. «Derriba la barrera del idioma y hace que los fans pidan nuestras canciones en la radio».

La fama y el estrellato habían llegado... pero nadie, ni siquiera Bang o RM, podía haber predicho el nivel de éxito que seguiría.

ARRIBA BTS domina en los Melon Music Awards de 2015. Seúl, 7 de noviembre de 2015.

ABAJO Los chicos vuelan con su coreografía durante los Melon Music Awards. ¿Quién adivina la canción?

JUNG HO-SEOK

Jung Ho-seok, o J-Hope, es el rayo de sol de BTS y (quizá) el mejor bailarín del grupo. Adoptó su nombre artístico sencillamente porque quería ser fuente de luz y esperanza para sus fans. Jin, su compañero de banda más cercano, dice de él: «Es un chico que es todo esperanza. Ilumina a cualquiera con quien esté, ríe incluso cuando no hay motivo».

Antes de unirse a BTS en 2012, J-Hope, «la madre de BTS» según los demás miembros de la banda, formaba parte de un grupo de baile callejero alternativo, Neuron. Con ese grupo de baile J-Hope desarrolló su pasión por el *body-popping*, estilo que no solo refleja su dominio del baile, sino también su versatilidad y energía. «Mientras actuaba con mi grupo de baile callejero alternativo, hice mucho *popping*», reveló J-Hope en 2013. «Dentro del *popping* hay otro subgénero conocido como *boogaloos* que es el que más practiqué. Obtuve muchos premios y actué mucho. En aquella escena alternativa, RM rapeaba; yo bailaba».

J-Hope nació en Gwangju el 18 de febrero de 1994. Durante la secundaria vio videos musicales occidentales en un incipiente

«LA MÚSICA ME AYUDÓ A COMPRENDER A NUESTRA GENERACIÓN JOVEN Y TAMBIÉN A EMPATIZAR CON ELLOS. ME GUSTARÍA CREAR Y ESCRIBIR MÁS MÚSICA QUE LOS REPRESENTE». J-HOPE

YouTube que le inspiraron a vivir una vida llena de baile. «De niño, sencillamente me encantaba la música y me gustaba expresarme a través de mi cuerpo. Gusté a todo el mundo cuando me subí al escenario en un concurso de talentos en la escuela primaria, y fue entonces cuando decidí que quería ser artista musical».

Tras su etapa en Neuron, J-Hope se forjó una reputación como bailarín con un futuro prometedor y ganó un concurso de baile nacional en Corea del Sur en 2008. «Cuando me inscribí en la Korea Arts School, había muchos estudiantes de diferentes distritos», explica J-Hope. «Cuando debuté con Bangtan, mis amigos decían "¿J-Hope no es el de aquella academia de baile de Gwangju?" ¡Así de famoso era!».

Bailar era el sueño de J-Hope y, para hacerlo realidad, tuvo que esforzarse, al igual que los demás miembros de la banda, durante la etapa de aprendizaje en Big Hit Entertainment. «Siempre tuve clara mi meta: subirme al escenario y llegar a ser el mejor», explica J-Hope. «Pero primero necesitaba sobrevivir. El periodo de aprendizaje fue un ciclo constante de supervivencia. Si entraba una persona, otra debía salir. Tenía que resistir aquello».

Cuentan que J-Hope estuvo a punto de quedar excluido de BTS, porque no acababa de encajar, pero RM convenció a los responsables de Big Hit de que BTS necesitaba a J-Hope. Lo escucharon... y el resto es historia. J-Hope está muy agradecido con su compañero: «RM es el tipo de persona que te cuida en el momento adecuado».

SUPERIOR J-Hope antes del estrellato durante la actuación de debut del grupo, 2013.

ARRIBA J-Hope ofrece esperanza a todos sus fans con sus magníficos bailes.

WINGS

Hoy, gracias al éxito mundial de *Wings*, BTS significa todavía más para su creciente ejército de fans, su ARMY. Y al igual que la Beatlemanía en el siglo anterior, la BTS-manía se propone dominar el planeta. Pese a la barrera lingüística, BTS lo consiguió. Y todo empezó aquí y ahora, con *Wings*.

En 2016 *Wings* se convirtió en el primer álbum de K-pop en irrumpir entre los 30 primeros de las listas de Billboard norteamericanas. Era el acontecimiento sísmico que BTS y Big Hit estaban esperando. Fue el momento en el que el trabajo duro de todos, los rigurosos horarios y sacrificios vieron sus frutos. «No creo que el éxito de *Wings* fuera un resultado esperado», admitió Bang. «Pero tampoco creo que fuera cuestión de suerte. La banda ha dado pasos constantes y muestra al público el resultado de su continua evolución». Para la banda, el éxito fuera de Corea fue un impacto, uno de esos momentos que te dejan sin palabras. «Me quedé estupefacto al ver nuestro nombre en la lista Hot 100», cuenta RM. «En Estados Unidos, una canción que se sitúa entre las primeras 40 se considera todo un éxito nacional. Estar entre las 30 primeras era increíble».

Con *Wings*, BTS cruzó el océano y entró en los hogares de un público tradicionalmente difícil como el estadounidense en cuanto a la compra de discos se refiere. Durante décadas, muchas bandas lo han intentado y han fracasado; el esquivo mercado estadounidense es una bestia

LISTA DE CANCIONES:
Intro: Boy Meets Evil
Blood Sweat & Tears
Begin
Lie
Stigma
First Love
Reflection
MAMA
Awake
Lost
BTS Cypher 4
Am I Wrong
21st Century Girls
Two! Three! (Wishing for Better Days)
Interlude: Wings

«CADA CANCIÓN DE WINGS REFLEJA LAS DIFICULTADES QUE HEMOS SUPERADO. EL ÁLBUM REALMENTE REPRESENTA LAS PERSONAS QUE SOMOS». RM

Todos en fila en la alfombra roja durante la 25ª edición de los Seoul Music Awards. Parque Olímpico de Seúl, 14 de enero de 2016.

KCON 2016. Día 2. BTS durante una de sus primeras, e históricas, actuaciones en Estados Unidos Nueva Jersey, 25 de junio de 2016.

difícil de vencer por sus dimensiones y su fragmentación. Pero BTS lo consiguió. El segundo continente había caído.

El concepto del álbum *Wings* fue clave para su éxito. Creó el ambiente propicio en el momento adecuado; no solo era un salto adelante para el septeto desde el punto de vista creativo, artístico y sónico, sino que, además, representaba algo impensable: incluía siete canciones en solitario que plasmaban la personalidad de cada uno de los miembros. ¿Quién más puede hacer eso aparte de BTS?

El tema del álbum gira en torno al concepto de hombres jóvenes, de una edad similar a los miembros de la banda, que resisten, aceptan la tentación y pierden su inocencia, un concepto que avanza cronológicamente desde la anterior trilogía *Youth*, que culminaría en el álbum *Dark & Wild*. Este concepto ofrecía a BTS libertad para explorar historias más individuales, a través de las cuales brillaba la personalidad de cada uno de los miembros.

«En el álbum *Wings* explicamos historias secundarias desde siete perspectivas diferentes», explica RM. «Queríamos lucir estilos distintos con cambios de color en el cabello para parecer más jóvenes, más brillantes y más afectuosos».

Se decidió que cada miembro escribiría y compondría su propia canción, en la que podría explicar su historia y su visión de la vida en torno al tema principal del álbum.

RM explica: «En las canciones intentamos contar nuestros pensamientos e historias. Los fans empatizan con nuestras canciones porque pasan por etapas similares en la vida. Realizar las canciones en solitario en el álbum suponía cierto riesgo, pero conecta con el concepto. Como en el video de *I NEED U*, todo el mundo tiene sus propias crisis. Existe una conexión con nuestras personalidades reales, pero las canciones en solitario tienen sus propios personajes y personalidades. Todo está conectado. Es una combinación y por eso a los fans les interesan los conceptos».

El principal sencillo de *Wings*, *Blood Sweat & Tears*, define el concepto a la perfección. «La canción transmite una determinación optimista de utilizar nuestras alas para llegar lejos, aunque a lo largo de la vida nostopemos con tentaciones», explica Suga. «Cuanto más difícil sea resistirse a una tentación, más se piensa en ella. Esa incertidumbre forma parte del proceso de crecer. *Blood Sweat & Tears* es una canción que muestra cómo uno piensa, elige y crece», concluye RM.

KCON 2016 USA

Las diferentes canciones en solitario se reúnen bajo un paraguas de diferentes estilos musicales para crear una base cohesionada, pero también muestran la evolución de cada miembro: quiénes eran y quiénes quieren ser.

La canción *Reflection* de RM muestra una nueva cara del rapero y un estilo reforzado de interpretación lírica; *Stigma*, interpretada por Taehyung, habla de alguien que mantiene ocultos sus sentimientos hasta que ya no puede aguantar más esa situación; Jungkook explica en *Begin* las vivencias que tuvo antes de entrar a BTS, aunque está compuesta por RM; *First Love* de Suga es casi un tema hablado en el que el rapero viaja por la memoria y recuerda su primer amor en la escuela primaria, que fue la música; la mordaz *MAMA* de J-Hope, con aires de hip-hop, habla de la tenacidad de su madre, que es como un «lanzamiento con efecto», mientras el estribillo no para de repetir «Hey Mama» (una canción que no hay que perderse en vivo); Jin se despierta y canta a los cuatro vientos su balada *Awake*; y Jimin abre su corazón en el éxito pop *Lie*, que se situó a la cabeza entre las diferentes canciones en solitario del grupo en las listas de descargas de iTunes cuando se lanzó el álbum. Como álbum, *Wings* se define por la suma de sus diferentes partes —aunque iguales—. Si bien en un momento RM asumió la responsabilidad de líder, ahora todos los miembros han tomado el micrófono para decir algo importante. BTS siempre sonará a diversión, pero con *Wings* también empezó a sonar a vitalidad. «Lo genial de crear nuestro universo es la capacidad de ampliación», explica Suga sobre la constante evolución del sonido y el estilo de la banda. «Porque el universo que creamos se basa en nuestras vidas personales y nuestros intereses. Podemos ampliarlo tanto como queramos y no nos es extraño. Esto nos permite mayor diversidad en las historias que podemos explicar y en la música que podemos crear».

ARRIBA Elegancia en el KCON 2016 de Nueva Jersey. La banda se vistió con sus mejores galas para impresionar a sus nuevos fans norteamericanos.

PÁGINA ANTERIOR Deslumbrantes en el programa *M Count Down* de Mnet. CJ E&M Center, Seúl, 4 de julio de 2013.

«CUANDO ME PREGUNTAN POR QUÉ EL K-POP ES TAN POPULAR, SIEMPRE RESPONDO QUE EL K-POP ES COMO UNA GRAN COMBINACIÓN DE MÚSICA, VIDEOS, ELEMENTOS VISUALES, COREOGRAFÍA, REDES SOCIALES Y VIDA REAL».

RM

KIM NAM-JOON

Toda *boy band* necesita un capitán, un miembro que lidere al grupo en su camino al éxito. Los Beatles tenían a John, NSYNC tenía a Justin, Take That tenía a Gary. Y BTS tiene a RM, o Kim Nam-joon. Antes conocido como el rapero alternativo Runch Randa, RM es el principal letrista, productor y rapero del grupo, responsable de sus melodías perfectas y sus inspiradoras letras cargadas de aspiraciones. En 2018, tras el lanzamiento de su *mixtape* en solitario y con una enorme base de fans para él solo, RM es un respetado y talentoso compositor de fama reconocida. Pero para el resto de la banda, por supuesto, sigue siendo uno de los Bangtan Boys.

«LA GENTE ME QUIERE POR LO QUE SOY. ESO ES LO QUE ME HACE SER YO MISMO Y SER HUMILDE COMO SER HUMANO». RM

RM fue el primer miembro descubierto por Big Hit Entertainment en 2010 y el primero reclutado para BTS tras su audición con Bang Si-hyuk, fundador y director ejecutivo de Big Hit. «RM es muy introspectivo, sofisticado y filosófico, para su edad», comentó el magnate en su momento.

Pronto quedó claro que RM no era otro rapero-compositor más. Aquel chico de 1.80 m de altura, «cabello brillante» y un coeficiente intelectual de 148 —¡casi nivel de genio!— era una estrella esperando su oportunidad para brillar. «En 2010 me presentaron a Bang. Yo era un rapero alternativo de solo 16 años, en el primer año de preparatoria. Bang creyó que tenía potencial como rapero y letrista».

En 2007, con tan solo 13 años, el rapero empezaba a explorar su talento para expresarse líricamente como parte del grupo de rap DaeNamHyup, donde contaba con otros destacados raperos como compañeros. RM no estaba solo en la escena alternativa. Suga y J-Hope también estaban ahí: los tres exploraban juntos la escena musical alternativa de Corea y su potencial para alcanzar el reconocimiento internacional. Ellos fueron los «tres primeros» en unirse a BTS. «Nos unimos con el sueño común de escribir, bailar y producir música que reflejara de verdad nuestros orígenes musicales, pero también nuestros valores vitales de aceptación,

vulnerabilidad y éxito», explicó RM. Él continuó escribiendo e interpretando sus canciones, construyendo una colección de letras y melodías que, en unos años, definiría el dinámico estilo dance-pop hip-hop de BTS.

El mundo nunca había visto un grupo como BTS. Y en el centro del éxito de la banda está RM. «Empecé en esto porque quería contar algo. Había un mensaje en mi interior y quería difundirlo en forma de música», reveló el rapero. «Pero sencillamente somos un grupo normal de chicos de orígenes humildes con mucha pasión y el sueño de ser famosos. Los siete nos hemos empujado unos a otros a dar lo mejor de nosotros durante los últimos cuatro años. Ya somos como hermanos».

RM es la figura clave en la historia de amor del mundo con el K-pop, un talento que ha demostrado que ser el líder de una *boy band* no solo significa ser una celebridad; RM es un artista y un ejemplo que no solo se asegurará de que él y su banda disfruten de esta aventura sino también de que se les tome en serio. «Observo constantemente la sociedad a través del prisma de mis canciones y quiero poder tener un impacto positivo mejor en otras personas. Siempre será importante seguir trabajando duro, bailando mejor, escribiendo mejores canciones, haciendo giras y dando ejemplo».

PÁGINA ANTERIOR
RM también se expresa a través de su personal look y estilo de vestir.

IZQUIERDA RM, figura inspiradora para millones de personas, habla a sus fans en el festival KCON 2016.

PARK JI-MIN

Jimin, el último miembro en incorporarse a BTS, es considerado el más lindo del grupo (¡pero que no se enteren los demás!). Como una vez dijo V sobre su compañero de banda más querido: «Jimin es una chulada, como el más pequeño de la familia». Siempre presumiendo de unos abdominales impecables y de un tono vocal incluso más perfecto, Jimin es un perfeccionista a la hora de cantar y de bailar su coreografía.

Park Ji-min —o Jimin, como ahora lo conoce el mundo— nació en la ciudad de Busan el 13 de octubre de 1995. Jimin estudió danza contemporánea en Busan High School of Arts, y en 2020 se graduó en Broadcasting and Entertainment Education junto a Taehyoung. El talento natural de Jimin como bailarín era tal que sus profesores le instaron a realizar la audición para Big Hit Entertainment. En el colegio, los «sueños de futuro» de Jimin sobre qué carrera quería seguir cambiaban a diario. Un día quería ser chef y al día siguiente, pirata. Al igual que los otros miembros de BTS, Jimin descubrió su pasión por el baile y la interpretación en su etapa escolar. Ensayaba todos los días después de clase, desarrollando así la confianza para asistir a la academia de baile de su ciudad en 2010. «En cuanto tenía tiempo, practicaba. En la preparatoria no escatimé esfuerzos en bailar. En aquella época, mis amigos y yo solo sabíamos bailar, nos juntábamos y practicábamos, nos distraíamos un poco y seguíamos practicando».

Cuando se le presentó la oportunidad de firmar con Big Hit Entertainment después de superar su audición para pasar a la fase de aprendizaje, Jimin se trasladó a Seúl desde su ciudad natal. «La parte más difícil de la vida de aprendiz fue la incertidumbre sobre mi futuro», reveló Jimin. «Fui el último en incorporarme al grupo, por eso trabajé tan duro. Me ponía muy nervioso cuando oía frases como "podrías quedar eliminado esta vez", así que me esforcé mucho. Ensayaba hasta las 4 de la mañana, dormía un poco y a las 6 practicaba canto durante una hora antes de ir a clase. Esta rutina duró más o menos un año. En aquel momento no pensaba que podría llegar a ser un miembro de BTS, pero me eligieron, aunque solo como miembro sustituto. Los demás miembros elegidos dijeron "queremos debutar con Jimin". Y realmente esa fue mi fortaleza».

Gracias a su ritmo natural y a su actitud perfeccionista, el periodo de aprendizaje de Jimin fue el más corto de todos los miembros (algo menos de un año… ¡frente a los tres de Jungkook!). Y una vez que estuvo en la banda, la alineación quedó completa. Jimin era la pieza final del rompecabezas.

«Estaba tan emocionado cuando debutamos», recuerda. «Después de la presentación, todos lloramos». Con el primer éxito internacional del grupo con el álbum *Wings*, *Lie* de Jimin fue el tema en solitario más destacado, una pieza de majestuoso pop que ponía de relieve las dotes de Jimin como cantante como nunca antes habían escuchado los fans.

IZQUIERDA A Jimin no le asusta mostrar su faceta más a la moda.

PÁGINA ANTERIOR Jimin da las gracias al ARMY por asistir a los American Music Awards en Los Ángeles, en el prestigioso Microsoft Theater, 19 de noviembre de 2017.

«ME ENCANTARÍA QUE NOS RECORDARAN COMO UNOS CHICOS QUE SIEMPRE QUISIERON MOSTRAR SU SINCERIDAD Y SU LADO MÁS HONESTO».
JIMIN

LOVE YOURSELF: TEAR

Considerado el «punto de inflexión» y el «segundo capítulo» del ascenso de los chicos al estatus de iconos, *Love Yourself: Tear*, publicado en mayo de 2018 (el mismo mes de su increíble triunfo en los Billboard Music Awards), supondría el salto de la banda a un nuevo nivel de fama. De repente, una *boy band* que rapeaba en coreano superaba a artistas estadounidenses en las listas de Billboard. El mundo del revés. The Bangtan Boys habían vuelto... y lo dejaron claro: estaban aquí para quedarse.

ARRASANDO EN NORTEAMÉRICA

Con *Wings*, BTS no solo se situó en lo más alto de las listas coreanas, sino también entre los 30 primeros de las listas de Billboard en Estados Unidos, consiguiendo dos certificados de oro por las ventas del álbum. Asimismo, preparó el terreno para *Love Yourself: Tear*, que batiría todos los récords anteriores... y marcaría otros nuevos. Pero la banda, además de batir récords con su música, rompió barreras lingüísticas y estereotipos, al demostrar que se puede ser una banda de éxito sin «encarnar el ideal de estrella del pop inglés». BTS no se parecía a ninguna otra banda de las listas estadounidenses ni europeas y, de repente, al gran público del mercado musical norteamericano no le importaba. BTS había dado un paso más allá. Ningún otro artista coreano había conseguido algo así nunca. Y en el caso de BTS, alcanzar ese éxito al margen de los «grandes actores» de la industria musical coreana (como YG y SM Entertainment) era algo todavía más increíble. Se habían convertido en los chicos de oro de las listas internacionales desde las pequeñas oficinas independientes de Big Hit Entertainment (que hoy ya no son tan pequeñas).

Para conseguir mayor impacto en Norteamérica, los chicos decidieron trabajar con Steve Aoki, el DJ más de moda del momento. Si había algo que pudiera ayudar a BTS a arrasar en Estados Unidos de verdad, eso era un remix de Aoki.

En noviembre de 2017, Aoki insufló su magia trap en el tema *Mic Drop* de *Love Yourself: Her*. Y así dio a BTS su primer sencillo en situarse entre los primeros 40 en las listas norteamericanas y la visibilidad perfecta antes de la actuación de la banda con *DNA* en los Billboard Music Awards y los American Music Awards aquel mismo mes. De repente, los oídos pop estadounidenses estaban en sintonía con BTS

DERECHA La banda posa en la sala de prensa durante los American Music Awards, en Los Ángeles, 19 de noviembre de 2017.

«TODO LO RELACIONADO CON BTS VA TAN RÁPIDO… COMO HACER DIEZ CANCIONES EN MEDIO AÑO. A VECES ES DEMASIADO, PERO SIEMPRE ME ACUERDO DE CÓMO ERAN LAS COSAS EN 2007. EMPECÉ ESTO PORQUE QUERÍA CONTAR ALGO. TENÍA UN MENSAJE EN MI INTERIOR Y QUERÍA DIFUNDIRLO EN FORMA DE MÚSICA». RM y su prolífico catálogo musical empezó a escalar puestos por las listas de todo el mundo. «Con *Mic Drop* dejamos caer el micrófono y fin del capítulo uno», exclamó RM. ¿Qué podía venir después?

REGRESO TRIUNFAL

En 2017 la banda alcanzó el cenit del éxito estadounidense... hasta la fecha. Para empezar, en mayo de 2017 BTS recogió el premio al mejor artista social en los prestigiosos Billboard Awards. «Todos estábamos muy nerviosos», explicaron sobre aquella noche. «Algunos tuvimos que ir al baño varias veces durante el espectáculo. Fue quizá el momento más intenso de nuestras vidas profesionales desde nuestro debut en 2013».

Para celebrar la noche y la ocasión, Big Hit Entertainment emitió un comunicado de prensa: «Para BTS y Big Hit Entertainment es un gran honor ser invitados a actuar durante los American Music Awards. Nuestros socios estadounidenses nos han ayudado a preparar el terreno en todo lo posible, y juntos estamos haciendo historia».

En efecto, hicieron historia. Aunque cuando se leyó en voz alta el nombre de BTS, ¡casi nadie lo podía creer! «Cuando escuché "¡BTS!" de verdad que perdí el conocimiento un segundo y luego recuperé el sentido», recuerda RM. «Había preparado un pequeño discurso porque pensé que teníamos un 20 % de posibilidades de ganar entre los cinco nominados. En serio que no recuerdo lo que ocurrió después de aquel breve discurso de aceptación en el escenario porque todo fue como un sueño». En el escenario, el rapero anunció con orgullo: «Hemos ganado el premio al mejor artista social gracias a la dedicación del ARMY por todo el mundo. Nos sentimos muy honrados y agradecidos a nuestros fans».

Al ganar el premio al mejor artista social, BTS rompió la racha de seis años seguidos para Justin Bieber. El premio tal vez sorprendió a la banda, pero el ARMY sabía que su banda favorita lo ganaría. Para ello, los fans votaron la etiqueta #BTSBBMAs ¡más de 320 millones de veces!

RM tuiteó: «Según las estadísticas oficiales son 320 millones de votos, lo que es increíble. Estamos muy agradecidos por toda la atención que

estamos recibiendo desde los BBMA e intentando asimilar que todo esto es real. Es genial ser conocidos a nivel internacional y es un honor estar nominados y ganar el premio».

Desde su aparición en los Billboard Music Awards, el nombre de BTS empezó a verse por todas partes, desde programas de radio hasta artículos de periódico, pasando por blogs que hablaban de la llegada de «esa *boy band* de Corea del Sur», un fenómeno desconocido para los comentaristas y seudointelectuales occidentales. BTS era la prueba —si es que era necesario— de que internet es ahora el principal ámbito donde se descubre y crece la música.

Pero, por supuesto, los triunfos no acabaron aquí. Seis meses después, en noviembre de 2017, BTS regresó a Norteamérica para actuar en los American Music Awards, convirtiéndose así en la primera *boy band* coreana en hacerlo. Interpretaron *DNA*, cantando alto y claro: «Hemos encontrado nuestro destino».

«Los American Music Awards fueron el mayor regalo que podíamos recibir de nuestros fans», explicó Suga. «Crecí mirando la entrega de los premios por internet. Me sentí tan orgulloso de estar allí. No podía creer que íbamos a actuar justo antes de Diana Ross, que recibió el premio por toda su carrera».

ARRIBA Ganadores del premio al mejor artista social en los Billboard Music Awards de 2018: BTS.

ABAJO La banda presenta al mundo *Love Yourself: Tear*.

LOVE YOURSELF 轉 Tear

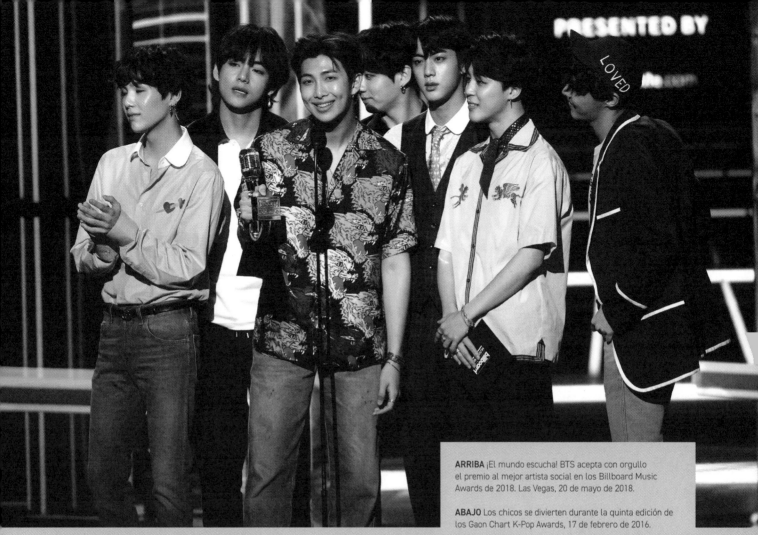

ARRIBA ¡El mundo escucha! BTS acepta con orgullo el premio al mejor artista social en los Billboard Music Awards de 2018. Las Vegas, 20 de mayo de 2018.

ABAJO Los chicos se divierten durante la quinta edición de los Gaon Chart K-Pop Awards, 17 de febrero de 2016.

Millones de fans de todo el mundo vieron la actuación de BTS en el programa *Jimmy Kimmel Live!*, 15 de noviembre de 2017.

Y LUEGO LLEGÓ *HER*

Publicado después del EP *Love Yourself: Her* y del álbum japonés *Face Yourself*, *Love Yourself: Tear* fue el LP de esta etapa y el regalo que los fans estaban esperando. Se convertiría en el disco con mayor éxito de ventas en reservas de la historia, con más de un millón de unidades vendidas solo en Corea del Sur.

Con el sencillo *DNA* de *Love Yourself: Her*, BTS se convirtió en el primer grupo de K-pop en alcanzar más de 10, 20 y 100 millones de visualizaciones en YouTube. «*DNA* está llevando a BTS a un nuevo terreno», comentó RM entonces. «Hemos intentado aplicar una nueva gramática y nuevas perspectivas. Si escuchas la canción, entenderás lo que intento explicar, es muy diferente de nuestra música anterior, tanto técnica como musicalmente. Creo que va a ser el punto de partida de un segundo capítulo de nuestra carrera, el principio de nuestro capítulo dos».

El miniálbum llegó al n.º 14 en las listas británicas, y en Estados Unidos se situó entre los 10 primeros en la lista de álbumes de Billboard y coló la canción *DNA* en el n.º 67 de la lista Billboard Hot 100, un hito que no había conseguido ningún otro grupo de pop coreano... y que tal vez ningún otro vuelva a conseguir. «Este EP marcará el punto de inflexión de BTS», afirmó RM. También fue un momento crucial para el grupo en cuanto a sueños realizados. Los fans de la banda se multiplicaron de repente, y el grupo presta mucha atención y escucha de verdad a sus fans. Por lo tanto, cuanto más crezca el ARMY, más fuerte se escucha la voz de BTS. «Nuestros fans, el ARMY, nos cuentan siempre sus sentimientos, fracasos, pasiones y luchas», explicó RM. «Ellos nos inspiran, porque intentamos escribir sobre cómo jóvenes reales —como nosotros siete— se enfrentan a problemas de la vida real. La mayor parte de nuestra música trata sobre cómo percibimos el mundo y cómo intentamos persistir como seres humanos normales. Así que nuestros fans nos inspiran y nos indican una dirección como músicos. Y, por supuesto, su cariño y su apoyo nos ayudan a continuar».

Ese apoyo permitió al grupo realizar un pequeño giro y empezar a introducir elementos más adultos en sus raps, dando mayor profundidad a sus melodías, como se refleja en *Love Yourself: Her*. «El concepto de *The Most Beautiful Moment in Life* [el anterior miniálbum del grupo] fue nuestro capítulo uno», dijo RM tras el lanzamiento de *Love Yourself: Her*. «Así lo sentimos porque empezábamos desde abajo, pero en este concepto, *Love Yourself*, empezamos a hablar sobre cosas más reales de la vida. Profesionalmente entramos en las listas británicas y de Billboard, y nuestros estadios son cada vez más grandes... así que, tanto por dentro como por fuera, es un punto de inflexión para BTS. Me gustaría decir que ahora estamos en un universo distinto, creo, como un cangrejo con caparazón nuevo».

LA LÁGRIMA EXPLOTA

Con *Love Yourself: Tear*, se dieron cuenta de lo trascendental que esta etapa era en su carrera ahora que ya no buscaban el estrellato. El estrellato los encontró a ellos. El siguiente paso era pensar qué tipo de iconos querían ser como BTS y no dejar que la fama los distrajera de su verdadero objetivo: entretener y animar a sus fans a «quererse a sí mismos». Por eso el concepto de *Love Yourself* era tan relevante para la banda, era como un trampolín para abordar un abanico más amplio de emociones importantes. «Básicamente el amor es complicado», sentenció RM. «Hay algunos aspectos que nos hacen sentir fatal o deprimidos. Podría haber lágrimas, podría haber tristeza. Así que ahora queríamos centrarnos en algunos aspectos del amor de los que queremos huir. Por eso el nombre es *Tear* [lágrima]. Esta vez el concepto gira en torno a la honestidad y el amor», explicó RM. «A veces damos la espalda a algunas situaciones porque el amor y la vida no son como los cuentos de hadas. Siempre tenemos un lado oscuro, y queríamos hablar sobre los lados oscuros del amor». «Es más profundo», concluyó. «En este álbum [el argumento muestra que] si no estás muy seguro de ti mismo, tu amor no durará. Lo verás en la coreografía y en las letras», explicó RM, antes de revelar el significado personal del tema.

Love Yourself: Tear debutó en el n.º 1 en las listas estadounidenses de Billboard cuando se lanzó en mayo de 2018, algo que sorprendió incluso a Bang. «Pensé lo bien que estaría si pudieran situarse entre los 100 primeros de la lista Billboard de los 200 mejores álbumes, ya que su álbum anterior, *The Most Beautiful Moment in Life, Part 2*, había alcanzado el puesto 171», dijo Bang. «Nos quedamos impactados al llegar los resultados de la primera semana. Reconocimos la respuesta explosiva de los fans occidentales y nos dimos cuenta de que aún había margen de crecimiento para la banda».

«SIENTO QUE SOMOS COMO UN GLOBO. NO SABEMOS HACIA DÓNDE VA ESE GLOBO, PERO SIMPLEMENTE ESTOY TRATANDO DE DISFRUTAR PORQUE ANTES DE ESTO HUBO MUCHO SUFRIMIENTO. ESTOY TRATANDO DE NO PERDER DE VISTA LO QUE HACEMOS». RM

LA RESPUESTA

El cuarto y último lanzamiento de la antología *Love Yourself*, tras el EP *Love Yourself: Her* en 2017, el video *Love Yourself: Wonder* en abril y *Tear* en mayo de 2018, *Love Yourself: Answer* es la plataforma de lanzamiento antes de que la banda emprenda la gira *Love Yourself*, su mayor aventura mundial por carretera hasta la fecha. El álbum, lanzado en agosto de 2018, batió tantos récords como sus predecesores.

Editado en cuatro versiones distintas —tituladas *S, E, L* y *F*—, *Love Yourself: Answer* contiene siete nuevas canciones. El genial sencillo principal *Idol* representa a la perfección las ambiciones del álbum, que combina cultura y música coreanas tradicionales con ritmos trap y música electrónica para bailar. Al cabo de pocas horas de su lanzamiento, la canción ya circulaba por internet. «El mensaje es que uno debe amar su yo verdadero sin importar lo que digan los demás», explicó J-Hope. Pero BTS no tenía suficiente con lanzar una sola versión de la canción y creó un remix de *Idol* con uno de sus propios ídolos, la superestrella del rap estadounidense Nicki Minaj. «Pensamos que el tema cobraría vida con el rap de Nicki Minaj, así que se lo pedimos», explicó RM. «Ella aceptó ¡y así vio la luz!».

El video musical de la canción batió el récord de YouTube de visualizaciones en 24 horas, superando a *Look What You Made Me Do* de Taylor Swift, ¡con más de 45 millones de visualizaciones! El descarado y enérgico video, en el que la banda combina tradiciones coreanas con los tiempos modernos, merece cada una de esas visitas. «Con nuestra serie *Love Yourself* queríamos mostrar la evolución emocional de un hombre joven a través del amor», explicó RM. «Intentamos transmitir el mensaje de que el verdadero amor empieza por quererse uno mismo. Para *Love Yourself: Answer* tenemos siete canciones nuevas. En los videos también hemos introducido nuestro sonido tradicional coreano y coreografías coreanas tradicionales. Este álbum es una celebración de nuestra cultura».

KIM TAE-HYUNG

Los Bangtan Boys conocen a Kim Tae-hyung simplemente como V. Mientras los demás miembros de la banda ya eran raperos consolidados o prometedores bailarines en la escena alternativa de Corea del Sur, V era un desconocido cuando inició su etapa de aprendizaje en Big Hit Entertainment. Nada más lejos de la realidad ahora mismo...

«Nací en Daegu, como Suga», recordaba V en una entrevista. «En primaria era un niño curioso que quería hacer de todo. Vivía en el campo, así que no me imaginaba dedicándome a otra cosa que a la agricultura en el futuro, pero de todos modos pensaba que tenía que estudiar mucho. Todo cambió cuando me enamoré de la música. Al finalizar el sexto año, soñaba con ser cantante. Era la primera vez que tenía un sueño».

A diferencia de sus seis hermanos de BTS, V procedía de un entorno en el que costaba conseguir dinero; lo crió su abuela en una familia de agricultores. Su sueño era dedicarse a la música que tanto amaba. Empezó estudiando saxofón en el colegio, y su padre, que siempre apoyó la pasión de V por la música y la interpretación, lo animó a seguir perfeccionando. «Empecé a prepararme para mi sueño desde mi primer año de secundaria. Mi padre me preguntó qué querría hacer después y le contesté que quería ser cantante. Mi padre había soñado con ser actor, por lo que, tras escuchar mi respuesta, me dijo muy seriamente: "Si quieres ser cantante, tendrás que aprender a tocar al menos un instrumento". Así que estudié saxofón durante tres años. Parece cool, pero pesaba mucho y los labios me dolían un montón. Era bastante duro».

Un día después de clase, en la preparatoria, V acompañó a un amigo a una audición en Big Hit Entertainment para convertirse en aprendiz. Un miembro del equipo de novatos de Big Hit vio a V en la sala de espera y lo animó a participar en la audición. V llamó a su padre para pedirle permiso primero y luego entró en la sala donde esperaban todos los peces gordos de Big Hit. «En la audición bailé, rapeé, hice imitaciones y algunos gags. Estaba convencido de que no iba a pasar, pero más tarde me llamaron para decirme que sí. Pensé que era mentira. Fui el único que pasó aquel día en Daegu». Y el resto es historia.

Como V no era tan conocido en la escena musical alternativa, Big Hit lo mantuvo oculto hasta el debut de la banda. «Hasta el debut, mi existencia estuvo oculta hasta el final. ¡Yo era el arma secreta! Por eso había veces que no podía decir que iba a debutar y eso me molestaba», confesó V. «Los demás tenían una agenda; yo era el único que me quedaba en la residencia y descansaba... Así que cuando revelaron mi identidad, me sentí muy feliz. ¡Qué felicidad pensar que por fin se hacía realidad mi sueño desde sexto de primaria!».

Durante la etapa de aprendizaje, V conoció a sus futuros compañeros de banda y enseguida se hicieron buenos amigos. «Llegué a Seúl en agosto, durante mi primer año de preparatoria, y allí estudié en el instituto de arte y empecé mi vida como aprendiz. Solo con eso ya era feliz. Podía bailar todos los días, y trabajaba duro cada día. En aquel momento, el presente era más importante que un futuro que no podía ver».

Ahora que V es un valioso miembro de BTS, este cantante, bailarín y apasionado del arte y de la fotografía da gracias a su buena estrella por haber logrado cautivar al personal de Big Hit aquel día de la audición de su amigo. «BTS es el primer y el último equipo de mi vida. Quiero que sigamos avanzando todos juntos hasta el final».

«SOY UNA PERSONA NORMAL DE LA CALLE. NUNCA PRETENDO SER ALGUIEN QUE NO SOY». V

PÁGINA ANTERIOR V saluda con su gesto distintivo.

DERECHA V y la cantante Bebe Rexha reparten amor en los Billboard Music Awards de 2018. Las Vegas, 20 de mayo de 2018.

ESTILO Y ESENCIA:
LA EVOLUCIÓN DE BTS

A los chicos de BTS les encanta la moda (en especial Gucci), la ropa y el colorido. Durante el tiempo que han ocupado los puestos más altos de las listas internacionales, la banda ha lucido múltiples estilos, uniformes, trajes y disfraces, así como más cambios de color de cabello de los que se pueden contar con los dedos de una mano. Su perfeccionismo en el vestuario puede apreciarse en estos siete momentos destacados, que reflejan el brillante sentido de la moda —a veces algo extravagante quizá— de BTS.

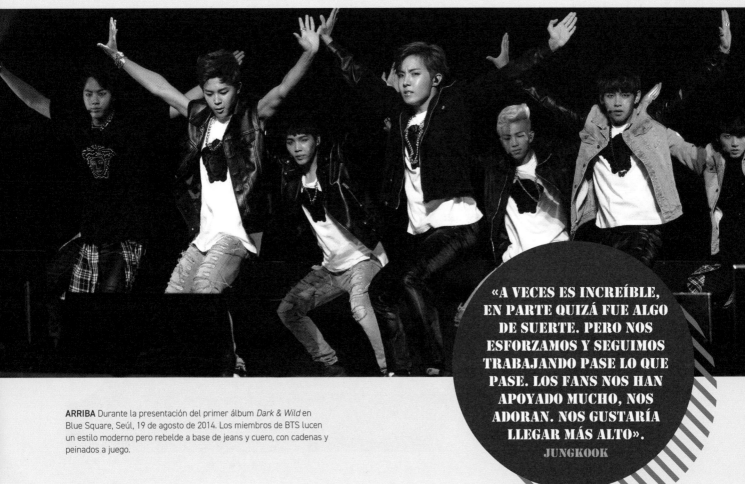

ARRIBA Durante la presentación del primer álbum *Dark & Wild* en Blue Square, Seúl, 19 de agosto de 2014. Los miembros de BTS lucen un estilo moderno pero rebelde a base de jeans y cuero, con cadenas y peinados a juego.

«A VECES ES INCREÍBLE, EN PARTE QUIZÁ FUE ALGO DE SUERTE. PERO NOS ESFORZAMOS Y SEGUIMOS TRABAJANDO PASE LO QUE PASE. LOS FANS NOS HAN APOYADO MUCHO, NOS ADORAN. NOS GUSTARÍA LLEGAR MÁS ALTO».
JUNGKOOK

2013 INCHEON KOREAN MUSIC WAVE
인천한류관광콘서트
2014인천아시아경기대회 D−1년 기념 한류콘서

DERECHA Negro y dorados en combinación con colores de cabello apagados en su primer *photocall*, en el festival Incheon Korean Music Wave en 2013. ¡Aquí se inició la BTS-manía!

3rd GAONCHART

ABAJO Los siete lucen magníficos en la tercera edición de los Gaon Chart K-Pop Awards. Arena de Gimnasia Olímpica, Seúl, 12 de febrero de 2014.

ARRIBA El septeto trabaja en el escenario con traje de oficina en su actuación en el programa *The Show* de la SBS MTV, 30 de junio de 2015. Uno de sus looks menos extravagantes y que se repetiría poco.

ABAJO El grupo regresa a sus raíces hip-hop con un estilo de inspiración urbana para visitar a sus fans estadounidenses en la cuna del hip-hop, ¡Nueva York! 22 de marzo de 2017.

IZQUIERDA De hiphoperos a estrellas del pop más formales. BTS hace de nuevo gala de su sentido de la moda en la conferencia de prensa de presentación de *Love Yourself: Her*, 17 de septiembre de 2018.

ABAJO Bien trajeados, elegantes y sofisticados. Solo puede significar una cosa: ¡están en los Golden Disk Awards! 10 de enero de 2018.

JEON JUNG-KOOK

Jung Kook

Jeon Jung-kook, o Jungkook, es el *maknae* de BTS, el miembro más joven. Una de las tradiciones del K-pop consiste en prestar especial atención al más joven del grupo, colmándolo de elogios, protección y afecto. Pero cuando eres tan talentoso, divertido y guapo como Jungkook, la adoración sale de forma natural, de todos modos.

Antes de que el estrellato y el éxito acudieran en busca de este talentoso cantante y bailarín, Jungkook estudió en la secundaria Baek Yang y, después, en la Escuela de Artes Escénicas de Seúl. La estrella de Jungkook ya empezó a brillar mientras estudiaba. «En el séptimo año, al escuchar las canciones de G-Dragon, soñaba con ser cantante. Luego, en octavo, tras no superar las audiciones de *Superstar K3*, me ficharon en Big Hit y entré a formar parte de Bangtan».

Aunque Jungkook solo tenía 15 años cuando debutó con BTS en Seúl en 2013, entonces ya era uno de los cantantes más solicitados del país, después de haber participado en las audiciones del programa de talentos de la televisión surcoreana *Superstar K*. A pesar de que en el programa no llegó más allá de la ronda eliminatoria final («Estaba eliminado de todos modos.

Incluso aunque hubiera pasado, creo que me habría decantado por Big Hit», comentó sobre su gran deseo de unirse a BTS), Jungkook llamó la atención de la agencia de Bang Si-hyuk y firmó con Big Hit Entertainment en cuanto le ofrecieron el preciado puesto de aprendiz. ¡Solo tenía 12 años! Jungkook pasaría una etapa de aprendizaje de tres años antes de debutar con sus hermanos de BTS.

Sin embargo, según Bang Si-hyuk, director ejecutivo y productor de BTS, Jungkook estuvo a punto de no debutar con la banda de lo tímido que era a la hora de cantar. Parece ser que cada vez que intentaba cantar, ¡se ponía a llorar! Unos años después, en 2018, cuando subió al escenario en *The Ellen DeGeneres Show*, o cuando lo hacía en cualquiera de las numerosas ceremonias de entregas de premios a las que invitaban al grupo, aquellos miedos habían desaparecido. «Ya nunca estoy nervioso», afirma Jungkook. «Y eso es porque creo en nuestros fans. En esos momentos, sentí que tomé la decisión adecuada al elegir una carrera como cantante, así que ¿por qué tener miedo?».

Al igual que con otros miembros de BTS, las cualidades de RM como rapero y productor fue lo que más animó a Jungkook a unirse a la banda. RM, encantando de devolverle el cumplido, comentó sobre la capacidad de su compañero para convertirse en un icono: «Para mí es Jungkook. Es bueno en muchas cosas y no le falta nada. Es guapo, muy ambicioso y domina varios instrumentos y deportes. Es bueno en todo».

«BATIR NUEVOS RÉCORDS ES IMPORTANTE, PERO LO QUE MÁS DESEO ES CREAR MÚSICA Y ACTUACIONES QUE GUSTEN A NUESTROS FANS».
JUNGKOOK

PÁGINA ANTERIOR
Y por último, pero no por ello menos importante, el bebé del grupo: ¡Jungkook!

ARRIBA Una vez más, Jungkook es el centro de atención. Aquí, saludando a sus seguidores y a los medios de comunicación en los Asia Artist Awards de 2018, en Incheon.

MÁS ALLÁ DE LAS ESTRELLAS

Desde el debut del grupo con su primera actuación en vivo en Seúl en 2013, BTS no ha parado. Y cada movimiento ha sido seguido y adorado por los leales y apasionados fans de BTS, conocidos como ARMY, que han apoyado a su banda favorita en cada lanzamiento, cada actuación, cada tuiteo y cada premio. Sin ARMY, BTS sencillamente no existiría. Las extensas giras del grupo por todo el mundo son su manera de entrar en contacto con los fans, encontrarse y hablar con ellos.

ARMY

BTS es más que un simple fenómeno del K-pop; estos chicos son iconos mundiales, aclamados por sus canciones, que baten récords, rompen barreras y marcan tendencias, con una especial combinación de hip-hop, pop y música de baile. La accesibilidad de BTS como grupo les ha ayudado a conectar con fans de todo el mundo a través de sus distintas personalidades. ARMY es el club de fans más grande del K-pop ¡de la historia! En la línea de la Beatlemanía que dominó el mundo el siglo pasado, la BTS-manía está llamada a seguir creciendo a medida que la banda conquista nuevos territorios. ARMY («ejército» en inglés y las iniciales de «Adorables Representantes de Maestros de Ceremonias de la Juventud» también en inglés) es la energía de la banda. En palabras de RM: «Volemos juntos bien alto. Es un gran honor contar con la atención y la energía de nuestros fans cuando usamos nuestras voces más». Y añade: «Cuanto mayor sea nuestra voz, más fuerza tendrán nuestras palabras». ¡Bien dicho, RM!

LAS REDES SOCIALES

La dedicación de BTS a las redes sociales no solo valió al grupo el premio al mejor artista social en los Billboard Music Awards de 2017 —gracias a más de 300 millones de tuiteos sobre la banda—. Los chicos usan las redes sociales para conectarse con sus millones de fans cada día. Al fin y al cabo, fue en YouTube donde despegó su carrera, con una prolífica actividad en su canal. «Somos un grupo que ha aprovechado al máximo las redes sociales», explica RM. «Es un entorno que no nos limita a Corea».

Pero BTS no solo entró a las redes sociales para ampliar su ARMY de más de 16 millones de fans o para hablar únicamente de música. El grupo usa su cuenta compartida de Twitter (@BTS_twt) para conectar con sus fans, es un lugar para compartir. «Sobre todo interactuamos con nuestros mensajes de Twitter subiendo *selfies*, recomendaciones musicales y fotos de moda, etc. Contamos nuestro día a día como banda de gira, pero también como un grupo de amigos tontos que se ríen

DERECHA RM hace una *selfie* de grupo que se compartirá millones de veces en las redes sociales.

ARRIBA BTS listos
para la fiesta en los Billboard
Music Awards de 2018.
Las Vegas, 20 de mayo de 2018.
¡Qué gran noche!

ABAJO ¡Ganadores del premio
al mejor artista social en los
Billboard Music Awards
de 2018!

unos de otros tras bambalinas. No logramos contestar a los fans de manera regular, porque son tantos... Pero intentamos leer todas las reacciones y respuestas. También siempre es interesante e inspirador ver lo que crean para nosotros», explica RM. «No es fácil gestionar una cuenta en las redes sociales durante un largo tiempo, pero nos encanta comunicarnos con nuestros fans en todo momento».

Para sus fans, la respuesta a por qué BTS ha conseguido éxito mundial es sencilla. BTS es más que una banda: es un símbolo de libertad, un agente de cambio, un estallido de color caleidoscópico en un paisaje musical con ansias de cambio. Y a los chicos no les cuesta expresarse y dar esperanza a otros. «Los adultos necesitan crear políticas que faciliten ese cambio social global. Ahora, la clase privilegiada, la clase alta, debe cambiar su manera de pensar», afirma Suga. «Y no solo en Corea, en todo el mundo. La razón por la que nuestra música conecta con gente de todo el mundo —adolescentes, veinteañeros y treintañeros— es justo por esto. Todos apoyamos activamente cosas como ir más allá de lo correcto y lo incorrecto, de la verdad y la mentira, ciudadanos que se unen y alzan su voz. Si no hablamos de estas cosas, ¿quién lo hará?».

Por supuesto, entre más fans, mayor es la responsabilidad, algo de lo que los chicos de BTS son muy conscientes. Y es que no son solo cantantes, bailarines, artistas... son ejemplos. «Mentiríamos si dijéramos que no hemos tenido presión. Pero logramos superarlo hablando abiertamente entre nosotros en todo momento. Como tal vez ya sepan, hemos vivido juntos en la misma casa los últimos cinco años y lo compartimos literalmente todo, a pesar del estrés. El trabajo en equipo nos ayuda a superar la presión y las expectativas en el día a día, y también nos permite seguir conservando la humildad como personas normales, como cualquier vecino. Nos hacemos bromas y nos damos consejos entre nosotros para poder seguir con los pies en la tierra, como éramos antes de BTS». En resumen, es por eso por lo que BTS son los mejores.

«LA MÚSICA TRASCIENDE EL LENGUAJE. NOS COMUNICAMOS CON NUESTROS FANS SIENDO FIELES A NOSOTROS MISMOS Y CREYENDO EN LA MÚSICA TODOS LOS DÍAS». RM

ABAJO Los chicos de BTS interpretan *DNA* en los American Music Awards de 2017, 19 de noviembre de 2017.

BURN THE STAGE: THE MOVIE

Burn the Stage, el primer largometraje de BTS, estrenado el 15 de noviembre de 2018, ofreció a sus fans una imagen todavía más íntima y personal de su *boy band* coreana favorita. Tras cinco años en Technicolor en pantallas pequeñas, o iluminados por los palos luminosos personalizados del ARMY en los escenarios de todo el mundo, por fin BTS tenía la oportunidad de brillar en 4K con sonido envolvente en la gran pantalla. La película se convertiría en el mayor «acontecimiento cinematográfico internacional» de 2018.

Fue el colofón de un año que catapultó a la banda más alto de lo que nunca habían imaginado, en el que pasaron de firmes aspirantes a genuina superpotencia de la música mundial: 2018 lo tuvo todo para BTS… ¡excepto horas de sueño!

Octubre fue el mes más ajetreado: RM publicó su segundo *mixtape*, *Mono*, para delicia de los fans; el grupo interpretó dos canciones (*I'm Fine* y *Idol*) en el programa de entrevistas con mayor audiencia de Estados Unidos, *The Tonight Show with Jimmy Fallon*; anunciaron una nueva canción en inglés, *Waste It on Me* (con Steve Aoki); celebraron grandes conciertos en The 02 Arena de Londres, y su aparición en *The Graham Norton Show* se hizo viral (¡un imprescindible en YouTube!). Pero lo que realmente llegó al corazón de sus fans fue el estreno del primer tráiler de *Burn the Stage* el 23 de octubre. Era el momento que todos esperaban: ¡una película!

El comunicado de prensa sobre la película explicaba: «Un viaje de 40 conciertos por 19 países con un público entregado de más de 550 000 personas que haría historia y daría alas a siete chicos». El tráiler de dos minutos tuvo más de un millón de visualizaciones en YouTube en un día. «Nos sentimos orgullosos de que todo lo que hacemos desprenda luz», comentó J-Hope al respecto.

ARMY sabía que un largometraje era inevitable; solo era cuestión de tiempo. Con el enfoque cinematográfico de sus videos musicales y su pasión por la interpretación, el cine fluye por el ADN de BTS. De hecho, la película de debut del grupo no es del todo nueva, sino que es una condensación de su serie en YouTube Red del mismo nombre, que empezó en marzo de 2017. La serie mostraba a la banda como no podían los conciertos, con acceso a todas las áreas, destacando la dedicación mutua de los miembros entre sí, su música y su gran base de fans, durante la gira mundial *Wings*, con gran éxito tanto de crítica como de taquilla. La serie documental puso el foco en una banda de siete hermanos que se estaban convirtiendo en estrellas del pop por todo el mundo y en cómo lograron permanecer unidos. Lo cierto es que BTS se ha convertido en el grupo más visto en YouTube, con más de 10 000 millones de visualizaciones en los 800 videos de su canal Bangtan TV.

Burn the Stage, la serie de YouTube en ocho partes, se ha condensado en una película de 85 minutos, subtitulada para que puedan entenderla todos los fans, independientemente de dónde vivan, con actuaciones adicionales, escenas tras bambalinas extra y nuevas entrevistas «desde el corazón» a los siete miembros. Por supuesto, esta no es más que la primera película de BTS de las muchas que vendrán. La pregunta es: ¿qué será lo próximo? ¿Qué otras ambiciones tiene la banda en el punto de mira?

En octubre de 2018 Suga dijo: «Solo lo menciono, pero quizá algún día podamos actuar en el Super Bowl». ¡Eso sí que sería un espectáculo digno de ver!

«HEMOS APRENDIDO A QUERERNOS A NOSOTROS MISMOS. AHORA LOS ANIMO A EXPRESARSE TAL COMO SON. NO IMPORTA QUIÉN SEAS, DE DÓNDE VENGAS, TU COLOR DE PIEL O TU IDENTIDAD DE GÉNERO: EXPRÉSATE». RM, ANTE LA ONU

SUPERIOR BTS actúa en París para celebrar la visita oficial del presidente surcoreano, 14 de octubre de 2018.

ARRIBA Los fans demuestran su amor en un concierto de la gira *Love Yourself*, 9 de septiembre de 2018.

Con un aire relajado tras su trascendental aparición en el programa *Good Morning America*, 26 de septiembre de 2018.

GENERACIÓN SIN LÍMITES

Antes de que las noticias sobre la película de debut de la banda circularan por internet en octubre de 2018, BTS ya había protagonizado otra noticia más emotiva el mes anterior, cuando se convirtió en la primera *boy band* coreana en pronunciar un discurso ante la Asamblea General de la ONU. Su intervención promovía la iniciativa Generation Unlimited (generación sin límites), que pretende garantizar que toda persona joven tenga educación, estudios, formación o empleo en 2030, una causa muy cercana a lo que sienten los miembros de BTS. La popularidad y la influencia de la banda no había parado de crecer desde 2013, al igual que su pasión por promover el valor de creer en uno mismo. BTS ofrece a los jóvenes una plataforma en la que debatir sus problemas de autoestima, sus inseguridades personales o temas de salud mental. La banda se presentó ante la ONU con trajes oscuros —un estilo muy diferente al habitual— y RM pronunció un discurso que conmovió tanto a fans como a críticos. «En la introducción de uno de nuestros primeros álbumes, una línea dice "mi corazón se detuvo cuanto tenía 9 o 10 años". Mirando atrás, creo que a esa edad es cuando empecé a preocuparme por lo que los demás pensaban de mí y empecé a verme a través de sus ojos», dijo RM. «Dejé de mirar el cielo por la noche, las estrellas. Dejé de soñar. Lo que hice fue intentar encajar en moldes que hacían otras personas. Pronto empecé a no escuchar mi propia voz y a prestar atención a las voces de otros. Nadie gritaba mi nombre; tampoco yo. Mi corazón se detuvo y mis ojos se cerraron. Y así yo, nosotros, todos perdimos nuestros nombres. Nos convertimos

en una especie de fantasmas. Había una vocecita en mi interior que me decía "despierta y escúchate". Pero me llevó mucho tiempo escuchar música que gritara mi nombre real. Incluso después de tomar la decisión de unirme a BTS, hubo muchos obstáculos. Tal vez haya gente que no lo crea, pero la mayoría nos consideraba un caso perdido y a veces solo quería dejarlo. Tuve mucha suerte de no abandonar». Sabias palabras, sin duda. Visita genunlimited.org para más información.

ARRIBA BTS recibe un merecido reconocimiento en los Premios de Cultura y Artes Populares de Corea de 2018. Pabellón Olímpico de Seúl, 24 de octubre de 2018.

DERECHA Vestidos para impresionar en una actuación digna de un presidente, 14 de octubre de 2018.

MAP OF THE SOUL

LISTA DE CANCIONES:

Intro: Persona
Boy With Luv
Make It Right
Jamais Vu
Dionysus
Interlude: Shadow
Black Swan
Filter
My Time
Louder than bombs
ON
UGH!
00:00 (Zero O'Clock)
Inner Child
Friends
Moon
Respect
We Are Bulletproof: The Eternal
Outro: Ego

Tras el éxito mundial de la era Love Yourself, con sus giras, videos musicales y EPs, que concluyó con *Love Yourself: Answer* en noviembre de 2018, BTS se enfrentaba a una pregunta importante: ¿podemos hacernos más grandes? La respuesta era fácil: sí.

Se dice que 2018 fue el año de BTS, aunque también lo fue 2017. De hecho, llevan dominando el mundo desde su debut en 2013. Pero, en 2019, los siete Bangtan se encontraron en una posición que muy pocos artistas conocen: todos sus sueños se habían hecho realidad.

Entonces, ¿con qué se sueña ahora?

El álbum *Love Yourself: Answer* les había planteado esa pregunta, con el macrohit *Idol* (feat. Nicki Minaj) abriendo todas las puertas de Estados Unidos por primera vez. Ahora su ARMY había crecido, extendiéndose a todas las edades y naciones.

Billboard describió *Love Yourself: Answer* como «innegablemente la obra maestra de BTS que pocos artistas pueden aspirar a conseguir». El álbum pronto se convirtió en el segundo número 1 de BTS en sus listas.

Junto con el lanzamiento de *Love Yourself: Answer* en agosto de 2018, BTS comenzó su tercera gira mundial, comenzando con un concierto histórico en el Estadio Olímpico de Seúl, el recinto más grande de Corea y el mayor espectáculo de la banda en su ciudad natal. Mientras estaban de gira, los chicos encontraron tiempo para participar en el single del gigante DJ Steve Aoki *Waste It on Me*, lanzado en octubre de 2018.

La canción es importante por ser su primera melodía íntegramente en inglés, un indicio de lo que estaba por venir, lo que llevó a RM a retractarse de una confesión anterior. «Admito que hace algún tiempo dije que pensaba que BTS no sería BTS si cantábamos en inglés. Creo que ahora tengo que reconocer que han cambiado muchas cosas: el virus y la pandemia, el hecho de que ya no podamos estar en el escenario y dar conciertos. Muchas cosas se han modificado y mis pensamientos, mi mente y yo mismo también hemos cambiado», afirmó.

Tras la finalización de la gira mundial Love Yourself, oficialmente, BTS había conquistado el mundo. Otra vez. Por cuarta vez. Y para demostrar su valía en la escena mundial, los chicos fueron invitados a presentar un premio en la sexagésima primera edición de los premios Grammy, la primera vez que un grupo de pop coreano recibía tal honor. «Es la noche más importante de la industria musical en todo el mundo, así que nos sentimos muy honrados de estar allí. Fue el mejor momento de mi vida», dijo RM acerca de aquella noche. Con su presencia en los Grammy creando titulares en todo el mundo, RM estaba convencido de que volverían de nuevo, como ganadores. «2019 ha sido un año de primeras veces: el primer grupo desde los Beatles en lograr tres álbumes número uno en menos de un año, la primera vez que actuamos en *Saturday Night Live* y quizá nuestra primera actuación en los Grammy de 2020, porque ¡podemos soñar!» Un año después de que RM hiciera esta declaración, su sueño se hizo realidad en los Grammy de 2020, pues BTS se convirtió en el primer grupo o solista coreano en actuar en la ceremonia. Mejor aún, en 2021, BTS se convirtió en los primeros artistas pop coreanos en ser nominados a un Grammy a la mejor actuación de un dúo o grupo de pop por *Dynamite*.

«LA "K" DE K-POP ES IMPORTANTE. TODOS CRECIMOS EN COREA. NINGUNO DE NOSOTROS ESTUDIÓ EN EL EXTRANJERO NI PASÓ MUCHO TIEMPO FUERA. SOLO CUANDO EMPEZAMOS A ACTUAR EN ESCENARIOS INTERNACIONALES Y A SALIR DE COREA COMENZAMOS A IDENTIFICARNOS COMO COREANOS. ESO REAFIRMÓ QUE SOMOS COREANOS Y QUE TENEMOS UNA IDENTIDAD COREANA. PERO, POR SUPUESTO, VIVIMOS EN UN MUNDO MUY COSMOPOLITA. NUESTRA IDENTIDAD COREANA ESTÁ MUY CLARA, PERO CADA VEZ TENEMOS UNA MENTALIDAD MÁS GLOBAL». RM

IZQUIERDA La actuación de BTS en el 102.7 KIIS FM's Jingle Ball de 2019 en Los Angeles, California.

ABAJO Junto a Halsey en los Billboard Music Awards de 2019 en Las Vegas, Nevada.

EL MUNDO DE BTS

Con la etapa de Love Yourself concluida, los chicos fijaron sus miras en nuevos objetivos alejados del bucle de videos promocionales, EPs, mixtapes, giras o incluso películas, como *Burn the Stage* de 2018, *Bring the Soul* de 2019 y, posteriormente, *Break the Silence* de 2020. Eran el grupo más grande del mundo que no podía crecer más (por ahora), así que ¿qué hicieron?

Decrecieron. Pequeños como un smartphone. Ahora podías tener a BTS en la palma de tus manos, ¡una idea que enloqueció al ARMY!

En junio de 2019, BTS lanzó su juego para dispositivos móviles, *BTS World*. Transporta a los jugadores a antes de su debut e invita al jugador a convertirse en su mánager. Esta realidad alternativa propone al jugador la tarea de idear el debut de la banda y luego llevarlos hasta convertirlos en superestrellas. ¡El ARMY posee todo el control! Basta decir que el juego se descargó más de un millón de veces en un solo día.

«Estamos dentro del juego, así que dudé en entrar», añade Jimin, «¡soy demasiado tímido como para jugar un juego conmigo en él!».

ARRIBA Los chicos de BTS siguen mostrando su increíble sentido para la moda, con este conjunto de estilo preppy en los Billboard Music Awards de 2019 en el MGM Grand Garden Arena de Las Vegas.

ABAJO BTS visitan el Empire State Building de Nueva York en 2019.

Suga concluía: «¡Si realmente nos aprecian, cuando jueguen tendrán el éxito asegurado!».

Tras el gran éxito de *BTS World*, Netmarble, el desarrollador surcoreano que lo lanzó, empezó a construir un segundo mundo, pero esta vez más grande: *BTS Universe Story*.

«PUEDE QUE AHORA SEAMOS UN FENÓMENO, PERO SOMOS IGUALES QUE CUANDO COMENZAMOS: UN GRUPO DE CHICOS HACIENDO LO QUE QUEREMOSE, ALGO QUE NOS DIVIERTE Y NOS INTERESA. SOMOS LOS MISMOS QUE HACE SIETE AÑOS». SUGA

Los chicos hacen historia en la sexagésima primera edición de los premios GRAMMY de 2019 al ser el primer grupo de pop coreano que presenta un premio.

MAP OF THE SOUL: 7

El sexto EP de los Bangtan, *Map of the Soul: Persona*, se publicó con gran éxito mundial el 12 de abril de 2019. Le siguió el single *Boy with Luv* (con la cantante estadounidense Halsey) y luego *Make It Right* (escrito con, nada menos que, ¡Ed Sheeran!) el 18 de octubre de 2019. *Persona* debutó en el primer puesto de la lista Billboard de Estados Unidos, ¡convirtiendo a BTS en la primera banda desde los Beatles en tener tres álbumes número uno en menos de un año! Con *Persona*, BTS lo hizo oficial: ¡ahora eran más grandes que los Beatles!

Tras la enorme acogida de *Persona* por parte de ARMY, y con los chicos convirtiéndose en el primer grupo asiático en superar los cinco mil millones de reproducciones en Spotify, no fue ninguna sorpresa que la prestigiosa revista *Time* nombrara al grupo como una de las figuras más influyentes de 2019, lo que no está nada mal teniendo en cuenta que la grabación del álbum fue descrita por Jimin como una banda «¡que se la está pasando en grande!».

Tan bien, de hecho, que lo sucedieron con trece canciones más, solo cinco meses después, en *Map of the Soul: 7*. Descrito por la banda como «nuestro álbum más personal», y que pone el foco en el increíble ascenso al estrellato de los chicos en los siete años transcurridos desde su debut. Como siempre, RM lo expresa mejor que nadie: «Un día nos levantamos y nos preguntamos: "¿Dónde estamos?". Así que este álbum es nuestra mejor manera de volver a descubrirnos a nosotros mismos: ¿Dónde estamos? ¿Qué estamos haciendo? ¿Quiénes éramos en el pasado? ¿Y quiénes somos ahora?». De hecho, los temas de las letras profundizan en la autorreflexión, la introspección y la aceptación de lo que les ha

sucedido, tanto por separado como en conjunto. «Hemos trabajado juntos durante siete años y somos siete. El álbum surge de mucho más que de una inspiración, este álbum contiene nuestras historia», resumía Suga. «Aprendí que somos personas muy importantes y muy valiosas. No conocía a ninguno de ellos, pero en los siete u ocho años que llevamos viviendo juntos, realmente hemos estado juntos, he aprendido lo importantes y preciados que son para mí», decía V, con gran emotividad.

Antes de que los recién creados hermanos pudieran llevar de gira el espectáculo para *Map of the Soul: 7*, la gira mundial se canceló debido a la crisis del coronavirus. Los chicos habían madurado, pero ahora no tenían adónde ir. Naturalmente, se pusieron manos a la obra.

ARRIBA La banda desfilando hacia los Seoul Music Awards en enero de 2019 en Seúl, Corea del Sur.

IZQUIERDA Los chicos actuando en *Good Morning America* en mayo de 2019 en Nueva York.

«LO QUE ESTAMOS HACIENDO, NO LO HA HECHO NADIE. CADA VEZ QUE SACAMOS UN DISCO NUEVO, SIEMPRE NOS ROMPEMOS LA CABEZA PENSANDO: "¿CÓMO VAMOS A PROMOCIONARLO? ¿CÓMO VAMOS A HACERLO DE UNA FORMA QUE NO SE HAYA VISTO JAMÁS?"» RM

ABAJO En un momento de su participación en *Good Morning America* en mayo de 2019 en Nueva York.

BE ▶ ▶ ▶

En 2020, la pandemia del coronavirus sacudió el mundo. Para BTS, el aislamiento y las restricciones sociales que también afectaron a su ARMY, permitieron a la banda adquirir una nueva comprensión del mundo y, como siempre, canalizaron sus pensamientos en su imparable creatividad. Así surgió el quinto álbum en coreano del grupo: *BE*. Mientras el mundo se transformaba hasta volverse irreconocible, también lo hacía la banda más grande del mundo.

Solo nueve meses después del monstruo global que fueron *Map of the Soul: 7* y su EP de acompañamiento *Map of the Soul: Journey*, BTS se preparaba para traer a su ARMY un nuevo álbum, *BE*. El álbum de ocho pistas, inspirado en la perspectiva de los chicos sobre la pandemia del coronavirus, salió a la venta el 20 de noviembre de 2020. Recibió muchos elogios por parte de la crítica y de los fans, e introdujo un nuevo ritmo más pausado en el sonido enérgico habitual de la banda.

Antes de *BE*, BTS adelantó su lanzamiento con una nueva canción, *Dynamite*, en agosto de 2020. Desesperados por volver a lo grande en la nueva normalidad con un título explosivo que encendiera de nuevo a la ARMY, la banda quería una canción que, en definitiva, los hiciera estallar de nuevo. «"Tenía que ser explosiva", dijeron, y tan explosiva fue que se convirtió en *Dynamite*», decía Jessica Agombar, coautora de la canción, «no se trataba de un tema concreto, sino de un conjunto de ideas:

LISTA DE CANCIONES:
Life Goes On
Fly to My Room
Blue & Grey
Skit
Telepathy
Dis-ease
Stay
Dynamite

▶

IZQUIERDA Los chicos reciben el 2021 en Nueva York, en la celebración de Año Nuevo de 2020 en Times Square.

ABAJO El grupo luce muy elegante en los American Music Awards de 2020 en Corea del Sur.

explosiones, fuegos artificiales, dinamita, fiesta, diversión, energía, conquista mundial. Así que tenía que coincidir con la energía de todo lo que rodea a BTS». Como decía Jin: «Mucha gente estaba triste y abatida por la situación del COVID y fue una especie de sugerencia nuestra que todo el mundo se animara».

Dynamite, una alegre canción disco-pop-funk-soul, se convirtió en la primera canción del grupo grabada íntegramente en inglés, algo que nunca pensaron que harían, pero el mundo estaba cambiado, así que ellos también. «Se suponía que íbamos a hacer una gira de estadios por todo el mundo. No estaba previsto lanzar un single como *Dynamite*», explicaba RM, "pero entonces la canción nos reportó un enorme éxito en Corea, ¡y una nominación a los Grammy!».

La canción, por supuesto, se catapultó a lo más alto de las listas de éxitos mundiales, y le dio a RM su sueño: su primera nominación a los Grammy a la mejor actuación de un dúo o grupo de pop en la ceremonia de 2021, el primer grupo de pop coreano en recibir una nominación a esos premios. La canción también se convirtió en el primer video musical de la historia en lograr cien millones de visitas en YouTube, en menos de veinticuatro horas. ¡Increíble!

Con *Dynamite* teniendo éxito en todo el mundo, los chicos volvían a estar en la cima que les corresponde. Era el momento de que llegara *BE*. Acompañado del single principal *Life Goes On*, un tema con J-Hope, RM y Suga a la batuta, el tema era la forma perfecta de presentar, tanto a BE como a unos BTS mejorados, su versión 2.0.

«Empezamos *BE* reuniéndonos y preguntándonos qué tipo de historia queríamos contar. El resultado final de esa conversación fue: "Bueno, mira, todavía tenemos que lidiar con esta cuestión del coronavirus, pero no podemos rendirnos". Y de ahí nació *Life Goes On*. Creo que suena descarnada, ya que intentamos plasmar las emociones que sentimos al vivir la pandemia», comenta J-Hope sobre la importancia de la canción, que se convirtió en su tercer número uno en Estados Unidos.

En los últimos días de 2020, la Federación Internacional de la Industria Fonográfica nombró a BTS Artista Discográfico Mundial del Año, el primer grupo asiático y el primero de habla no inglesa que lograba este reconocimiento. Fue la cereza de un año realmente increíble. Pero ningún pastel está completo sin un poco de mantequilla...

BUTTER... Y MÁS ALLÁ

«Si oyes el título *Butter*, sabes inmediatamente que la canción va a ser suave, algo que realmente te derrite y te atrapa», decía Jimin acerca de su canción, el mayor éxito de la banda en 2021 y la segunda vez que cantaban en inglés. «No era nuestra intención lanzar otro single, pero el virus se estaba alargando cada vez más. Pensamos que necesitábamos otro tema veraniego y *Butter* encajaba perfectamente».

Lanzado al mercado el 21 de mayo de 2021, *Butter* se convirtió inmediatamente en el video de YouTube más visto, con más de 108 millones de reproducciones, ¡en menos de un día! Y se coló sin dificultad en el número uno de la lista Billboard de Estados Unidos, el cuarto en tan solo nueve meses. «Grabar *Butter* fue muy divertido», comentaba V durante su lanzamiento, «y queríamos compartir esas buenas vibraciones con nuestros oyentes para disfrutar de ese verano». J-Hope estaba de acuerdo, bromeando que «*Butter*, hará que los oyentes se enamoren de nosotros para siempre».

De hecho, el tema se convirtió en la canción del verano y en una canción que todo el mundo estaría de acuerdo en que ayudó a curar las heridas de los últimos doce meses. Pero, al más puro estilo BTS, el

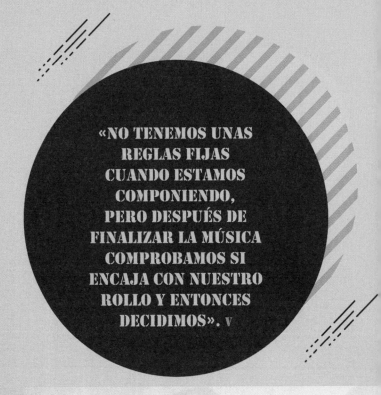

«NO TENEMOS UNAS REGLAS FIJAS CUANDO ESTAMOS COMPONIENDO, PERO DESPUÉS DE FINALIZAR LA MÚSICA COMPROBAMOS SI ENCAJA CON NUESTRO ROLLO Y ENTONCES DECIDIMOS». V

ARRIBA A LA DERECHA BTS demostrando que son algo más que música mientras intervienen en la conferencia Objetivos de Desarrollo Sostenible, en la sede de las Naciones Unidas en septiembre de 2021 en Nueva York.

DERECHA Los chicos en 2020 en la rueda de prensa de *BE (Deluxe Edition)* en Seúl.

IZQUIERDA La banda actuando durante la retransmisión de los premios GRAMMY en marzo de 2021.

ABAJO Divirtiéndose en la rueda de prensa de su nuevo sencillo *Butter* en 2021.

grupo quiso dejar a ARMY con una última canción antes de sumergirse en su siguiente proyecto creativo.

El 23 de septiembre de 2021, BTS presentó una colaboración que captaría la atención no solo del mundo, sino del resto del universo. Se habían unido a la banda británica de pop-rock Coldplay para *My Universe*.

La colaboración se inició cuando Chris Martin, el famoso líder de Coldplay, reveló que era un gran admirador de BTS. «Me encanta BTS», había declarado, «llevaba tiempo dándole vueltas con la idea de qué opinarían BTS si les hiciéramos una canción».

«Coldplay vino a Corea hace unos tres años para un concierto multitudinario. J-Hope y yo asistimos, vimos *Fix You* y eso significó mucho para nosotros», recuerda RM, «nos encanta Coldplay». Cuando Chris tuvo la letra y la melodía de *My Universe*, habló con su productor Max Martin y con Phil Harvey, el quinto miembro. «Creo que tenemos una canción para dar a BTS», dijo. Y así nació la colaboración entre dos universos en colisión y, con ello, ¡BTS conseguía su quinto número uno consecutivo!

> «HAY MOMENTOS EN LOS QUE TODAVÍA ME SORPRENDEN TODAS LAS COSAS IMPENSABLES QUE CONSEGUIMOS. Y ME PREGUNTO: "¿QUIÉN LAS HARÍA, SI NO ESTUVIÉRAMOS NOSOTROS?"». SUGA

BRILLANDO CON LUZ PROPIA

Aunque BTS es ampliamente conocido y reconocido como un grupo musical, cada uno de los miembros ha tenido la oportunidad de mostrar su talento individual a través de lanzamientos en solitario. Estos proyectos les han permitido a los miembros de BTS explorar diferentes estilos musicales, expresar sus propias historias y presentar facetas únicas de su arte. En este pequeño paréntesis que se ha tomado el grupo, varios miembros han decidido sacar sus primeros álbumes en solitario.

RM, líder del grupo, ha lanzado varias *mixtapes* en solitario. Comenzó con su *mixtape* homónimo, *RM*, en 2015, que presentó sus habilidades como rapero y productor. Posteriormente, en 2018, lanzó *Mono*, un proyecto en solitario que exploró temas introspectivos y emocionales. Los *mixtapes* de RM han sido aclamados por su sinceridad lírica y su enfoque en la introspección personal. Su álbum de debut, *Indigo*, salió al mercado el 2 de diciembre de 2022. «Si *Mono* retrataba de mi 2016 hasta mi 2018, este nuevo álbum sirve de diario y archivo desde 2019 hasta 2022», explicaba RM.

Suga también ha experimentado en solitario bajo el nombre de Agust D. En 2016, lanzó su *mixtape* debut titulada *Agust D*, que recibió elogios por sus letras francas y su estilo de rap contundente. Suga ha abordado temas personales y sociales en sus canciones en solitario, y su trabajo ha sido altamente valorado tanto por sus seguidores como por la crítica. En 2020 sacó su segunda *mixtape* *D-2* y, por fin, el 21 de abril de 2023 publicó su primer álbum, *D-Day*, donde incluye un *sample* de Ryūichi Sakamoto y está plagado de «comentarios sociales y reflexiones personales que invitan a la introspección».

«CONSIDERO QUE BTS SOMOS SIETE PERSONAS QUE ESTAMOS EN EL MISMO BARCO PERO QUE MIRAMOS EN DIRECCIONES DIFERENTES. ESTÁ BIEN MIRAR HACIA OTROS LADOS. LO IMPORTANTE ES QUE SEPAMOS QUE ESTAMOS EN EL MISMO BARCO». RM

J-Hope, conocido por su energía y talento para el baile en BTS, lanzó su *mixtape* en solitario llamado *Hope World* en 2018. El proyecto presentó su estilo único de rap y mostró su versatilidad artística al experimentar con diversos géneros musicales. Fue bien recibido y se destacó por su positividad y letras inspiradoras. Publicó su primer álbum *Jack in the Box* en julio de 2022 y representa la «personalidad musical propia y visión como artista» de J-Hope y sus «aspiraciones de romper moldes y seguir creciendo».

Jimin se colocó en 2016 en el puesto número catorce de los ídolos más populares en una encuesta anual realizada por Gallup Korea. El año siguiente ocupó el séptimo puesto y en 2018 y 2019 el primero, siendo el único ídolo en encabezar la encuesta durante dos años consecutivos. El 24 de marzo de 2023 publicó su primer álbum, *Face*, que ahonda en la historia de Jimin mientras se enfrenta a su verdadero yo y da un nuevo salto como artista. Jimin se convirtió en el solista coreano mejor clasificado de todos los tiempos en la lista de álbumes Billboard 200, al ocupar el puesto número dos, superando el récord establecido anteriormente por RM, que alcanzó el número tres con *Indigo* en diciembre de 2022. El segundo sencillo extraído del álbum *Like Crazy*, se convirtió en el primero de un miembro del grupo en solitario en ser número uno en la lista de sencillos estadounidense Billboard Hot 100.

El resto de los integrantes también han publicado música en solitario. El 28 de octubre de 2022, Jin lanzó *The Astronaut*, escrita en colaboración junto con Coldplay. Ese mismo día la interpretó en vivo con el grupo durante su gira mundial Music of the Spheres, la actuación se retransmitió en vivo en cines de más de setenta países. Jungkook ha colaborado con canciones en varias bandas sonoras como *Dreamers* para el soundtrack oficial de la Copa Mundial de la FIFA 2022, también ha colaborado con Charlie Puth en *Left and Right* de junio de 2022. V que antes de su debut, era el «miembro secreto» de BTS, pues los fans no conocían su existencia porque su agencia quería mantenerlo en secreto. Afirmó más tarde que ese concepto lo había hecho sentirse incómodo y solo, ya que pensaba que podría ser eliminado de la formación. V también ha estado colaborando con canciones para bandas sonoras.

Con BTS coronada como la mejor, más grande y más valiente banda del mundo, el ARMY espera expectante a ver dónde les llevan ahora Jimin, V, Jungkook, RM, Suga, Jin y J-Hope.

En Corea del Sur el Servicio Militar es obligatorio así que los chicos deberán cumplir sus obligaciones como ciudadanos, aunque después de una forzosa, pero merecida pausa, en 2025 retomarán su carrera musical. El futuro pertenece a BTS.

La banda llegando con unas clásicas camisas blancas a los American Music Awards de 2020 en Los Ángeles, California.

DISK-POPGRAFÍA

Para los nuevos miembros del ARMY de BTS, su catálogo de álbumes, EPs, sencillos, giras y programas de televisión puede parecer increíblemente complejo. De forma bastante inusual, el grupo publica música en formato de trilogías o series basadas en temas y conceptos. Esperamos que esta DisK-PopGrafía de los lanzamientos del grupo te ayude a actualizar tu colección...

ÁLBUMES EN COREANO
2 Cool 4 Skool (12 de junio de 2013)
Dark & Wild (19 de agosto de 2014)
Wings (10 de octubre de 2016)
Love Yourself: Tear (18 de mayo de 2018)
Map of the Soul: 7 (21 de febrero de 2020)
Be (20 de noviembre de 2020)

ÁLBUMES EN JAPONÉS
(Álbumes en coreano reeditados en japonés, con canciones nuevas)
Wake Up (24 de diciembre de 2014)
Youth (7 de septiembre de 2016)
Mic Drop/DNA/Crystal Snow (6 de diciembre de 2017)
Face Yourself (4 de abril de 2018)
Map of the Soul 7 – The Journey (15 de julio de 2020)

BANDAS SONORAS
BTS World: Original Soundtrack (28 de junio de 2019)

RECOPILACIONES
Love Yourself: Answer (24 de agosto de 2018)
BTS, the Best (16 de junio de 2021)
Proof (10 de de junio de de 2022)

EPS
O!RUL8,2? (11 de septiembre de 2013)
Skool Luv Affair (12 de febrero de 2014)
The Most Beautiful Moment in Life, Part 1 (2 de abril de 2015)
The Most Beautiful Moment in Life, Part 2 (30 de noviembre de 2015)
Love Yourself: Her (18 de septiembre de 2017)
Map of the Soul: Persona (12 de abril de 2019)
Dynamite (28 de agosto de 2020)
Butter (4 de junio de 2021)

ÁLBUMES REEDITADOS
Skool Luv Affair Special Addition (14 de mayo de 2014)
You'll Never Walk Alone (reedición de *Wings*, 13 de febrero de 2017)

GIRAS
2014 BTS Live Trilogy Episode II: *The Red Bullet*
2015 BTS 1st Japan Tour *Wake Up: Open Your Eyes*
2015 BTS Live Trilogy Episode II: *The Red Bullet Tour*
2015 BTS LIVE *The Most Beautiful Moment in Life On Stage*
2016 BTS LIVE *The Most Beautiful Moment in Life On Stage: Epilogue*
2017 BTS Live Trilogy Episode III: *The Wings Tour*
2018 BTS World Tour: *Love Yourself*

Los chicos posan tras su electrizante actuación en los Billboard Music Awards en mayo de 2021.